产品经理修炼之路

刘天 张晋壹 罗静 薛松 赵世哲 著

清华大学出版社
北京

内 容 简 介

本书立足于作者团队十余年的真实职业经历，讲述了产品经理的入门方法、转行历程、适应过程、职场进阶、自我突破等话题，通过自身的故事，为整个行业的未来从业者抛砖引玉，提供从事产品经理的宝贵经验。同时，书中还提炼了每位作者在不同阶段的锦囊，总结了职场发展的方法，帮助不同阶段的读者获取适合自己的职场突破方法论。

本书适合择业阶段的毕业生，初阶、中阶、高阶产品经理，以及互联网行业从业者阅读。

本书封面贴有清华大学出版社防伪标签，无标签者不得销售。

版权所有，侵权必究。举报：010-62782989，beiqinquan@tup.tsinghua.edu.cn。

图书在版编目（CIP）数据

产品经理修炼之路 / 刘天等著 . —北京：清华大学出版社，2023.9
ISBN 978-7-302-64354-8

Ⅰ．①产… Ⅱ．①刘… Ⅲ．①企业管理－产品管理 Ⅳ．① F273.2

中国国家版本馆 CIP 数据核字 (2023) 第 144641 号

责任编辑：	杜　杨
封面设计：	郭　鹏
版式设计：	方加青
责任校对：	胡伟民
责任印制：	宋　林

出版发行：清华大学出版社
　　　　网　　址：http://www.tup.com.cn，http://www.wqbook.com
　　　　地　　址：北京清华大学学研大厦 A 座　　邮　编：100084
　　　　社 总 机：010-83470000　　邮　购：010-62786544
　　　　投稿与读者服务：010-62776969，c-service@tup.tsinghua.edu.cn
　　　　质 量 反 馈：010-62772015，zhiliang@tup.tsinghua.edu.cn
印 装 者：涿州汇美亿浓印刷有限公司
经　　销：全国新华书店
开　　本：170mm×240mm　　印　张：12　　字　数：216 千字
版　　次：2023 年 9 月第 1 版　　印　次：2023 年 9 月第 1 次印刷
定　　价：59.00 元

产品编号：099046-01

前言

回看发展历史，中国互联网不知不觉已经走过了近 30 个年头，30 年对于一个行业来说并不算很长的时间，但是因为互联网的本质就是连接，所以在短短的 30 年间，它让整个市场都发生了巨变。

在这 30 年里，互联网的发展几乎没有分秒停顿，它的强势发展，以及其中蕴含着的巨大商机，无疑都成功地吸引着很多人涌入这个行业。

在互联网的背后，有这样一群人，他们利用自己的聪明才智将物理世界的需求转化为数字世界的产品语言，构建出一个又一个的 App，改变着全人类的生活习惯，这群人就是互联网产品经理。

具体而言，产品经理（Product Manager）是企业中专门负责产品管理的职位，负责市场调查并根据市场及用户的需求，选择产品业务模式，确定产品开发功能，并根据产品的生命周期，协调研发、营销、运营等，确定和组织实施相应的产品发展策略，从而引导产品不断地往正确的方向发展，让产品变得更加完美。

可以看到，产品经理所从事的工作对整个互联网发展方向有着重要的意义，互联网产品是当今社会发展的重要支撑，一名优秀的产品经理所设计和开发出的软件产品，不仅仅能带来商业价值，更能够为整个社会带来便利。

不夸张地讲，在过去这些年互联网的发展中，产品经理无疑是重要的赶潮者之一，甚至一些关键的产品经理更成为互联网潮汐的牵动者。因此产品经理人的职业生涯，无疑也是中国互联网发展的写实画像。

产品经理在外人看来似乎是互联网风口的弄潮儿，但是其背后也有他们自己的酸甜苦辣，在其职业生涯中充满了各种不为人知的辛苦。

本书以半纪实的方式记录 5 位产品经理十余年一路走来的发展点滴，试图通过他们的故事，对产品经理这个岗位的工作价值与职业发展给出一些思考，并试图从侧面展示整个互联网的发展历程。

希望本书能够引起产品经理从业者的共鸣,帮助产品经理乃至互联网人规避风险、减少焦虑、笃定前行。

在正式开始前,先让本书的主人公们做一个简单的自我介绍。

主人公 1:木笔

大家好,我是木笔,我的故事详见第 1 章、第 6 章、第 11 章、第 16 章。

十年一梦。2012 年,26 岁的我用尚存的青春和勇气,只身一人来到北京,几经波折,从一名实施顾问转型为产品经理,我的产品经理之路,从这里开始,这条路很长,一直走到现在……这十年,是互联网最兴盛的十年,也是我的黄金十年:从彷徨无助到转型成功,然后飞速成长,再到遭遇职业危机,最后勇敢突破。每段经历都有那么几个刻骨铭心的故事被我记录下来,它们是我人生的里程碑。

1. 转型之路

刚来北京时,我没有方向,为了积累面试经验,漫无目的地投递简历,效果不佳。后来重新思考自己的未来,确定了产品经理的方向,并开始定向准备,终于拿下心仪的 offer,开始了需求分析之路。但很快,现实就告诉我,拿到 offer 仅仅是开始,并不代表自己就能胜任,后来在工作的千锤百炼中,身心俱疲的我终于意识到自己被固有思想禁锢太深,需要进一步自我突破。

2. 成长之坡

成长就像爬坡,总是伴随着痛苦,但好在我们的方向是清晰的,只要不停地往山顶爬,就最终能到达终点。在产品经理入门以后,我从央企跳槽到互联网大厂,在大厂里吸收了比较体系化的专业技能,并有幸从一颗螺丝钉成长为独当一面的产品经理,后来又辗转到创业公司,从 0 到 1 主导了几个大项目,见识到了更广的天地,还在这个过程里转型做了管理岗位,感受了不一样的职业生涯。我意识到,很多前路无法提前规划,走着走着,就成了我们的人生。

3. 突破之口

没有人能一帆风顺到底,在成长过程中,我们总会遇到大大小小的瓶颈和危机,每到这个时候,就需要我们重新审视自己了。我的危机出现在任职创业公司的那几年,和刚入行时一样,自己一度痛苦和迷茫,后来找到解法,从思想上开始蜕变，并从行动上寻找出口，终于挺过了职业倦怠，也度过了自己的 35 岁危机。未来，我相信危机还会持续，但总有办法突破，坦然面对就好。

每个人的故事都是不同的，但很多经验是可以共享的。希望把我的故事分享给作为后来者的你们，如果在你的产品经理生涯里，恰巧有那么几个瞬间，和曾经的我一样迷茫和无助，希望我的故事可以给你带来一丝曙光，帮你早日找到你的"北极星"。

主人公 2：薛老板

大家好，我是薛老板，我的故事详见第 2 章、第 7 章、第 12 章、第 17 章。

我自己有写回忆录的习惯，本科毕业我写了 12 万字，研究生毕业我写了 10 万字，记录了人生非常重要的两个阶段中遇到的人、遇到的事以及自己的感悟和成长。但是毕业接近 10 年，一直忙于工作，没有系统整理这一段人生"黄金时代"的故事，实属不该，所以趁这本书出版的机会，简单地回顾一下自己的工作感悟。一来总结过去才能更好地前行，希望自己的未来职业生涯走得更加顺利；二来我坚信工作的悲欢有共通之处，希望自己的"奋斗史"可以让大家在职场上少走弯路。

1. 踏上征途

我是研究生毕业之后直接就选择了产品经理这个职业。从前期的过度自信，到不断地碰壁，最终被现实打击得头破血流，让我对自己的能力和实力有了清醒的认识，从此开始脚踏实地地准备求职。很荣幸在第一段产品实习中，遇到了两个"贵人"，他们无私地帮助我，充分地信任我，让我入门产品经理，并且在当年的秋季招聘中幸运拿到多个大厂的 offer。

2. 开悟之路

我的第一份正式产品经理工作是在百度，当年的 BAT 三巨头之一。在这家公司我逐渐开始摆脱懵懂，接触正规的产品方法论，这段时间也是我快速成长的一段时间。在这里，我参与的是一个新业务，产品从 0 到 1 的过程让我找到了做产品经理的成就感；在这里，我遇到了自己产品经理路上的导师，是他让我快速摆脱学生思维，完成向合格职场人的蜕变，是他让我意识到自己就是产品的主人，要为自己的每一个产品决策负责，让我从一个产品助理快速成长为产品经理。

3. 危机浮现

从百度离职之后，我跳槽到了京东。刚开始负责的是一个边缘业务，我困惑过，迷茫过，抱怨过，但是一个同事的话点醒了我，让我重燃斗志，找到了转岗核心业务的路径。负责核心业务之后，我发现了创新业务和成熟业务的巨大不同，相对来说负责成熟业务做的事情更多是对主功能的"缝缝补补"，找不到工作的成就感。我开始质疑工作产出的意义，第一次职场危机出现。我该怎么办？如何让自己的能力可以进一步提升？未来我要走什么路线？我该做哪些事情可以更快地达成自己的目标？当时的我是怎么解决的？我的故事将会给你答案。

4. 凤凰涅槃

从京东离开之后，我选择了一家有潜力的创业公司，从一个只负责产品规划的资深产品经理，升级到全面规划一个新业务的业务负责人。这个转变使我的能力产生了飞跃，犹如凤凰涅槃。工作5～10年的时候，我们需要思考的是如何突破职业的壁垒，寻找难且正确的事情。

每个阶段的故事都不相同，但是它们共同见证了我的成长。不管你现在正处于什么阶段，我希望自己的所思所想，能让你产生共鸣或者对你有所帮助。

主人公3：赵老师

大家好，我是赵老师，我的故事详见第4章、第9章、第14章、第19章。

我从事互联网产品工作十多年，曾就职京东等公司。由于对互联网行业的热爱，我一直珍惜每一段经历，不断从工作中吸取经验，升华方法论，并出版书籍《后端产品经理宝典》，输出了多门产品经理课程。

本次有幸和其他老师一起，参与本书的内容创作。在书中，我用我的经历和体会，给大家介绍我在产品经理职业生涯中遇到的问题和积累的经验。

在我做产品经理之前，我是做药物研发的，后来经过一定的思想斗争和规划，才迈出了转行做互联网产品经理的脚步。这是个幸运的开始，从此一步步不断摸索前进。我曾遭遇了各种工作的不顺，但最终都找到了解决办法，得到了成长和锻炼。回过头来，我希望我经历的点点滴滴可以对你有所帮助。

主人公4：Kevin

大家好，我是Kevin，我的故事详见第3章、第8章、第13章、第18章。

很荣幸收到三爷的邀请参与这本书的创作，本书包含了我做产品经理的起点阶段、管理团队进阶阶段、独立创业阶段。

在我 8 年的产品经理从业生涯中，从开始就认定了产品经理这份职业，在本书我将介绍我作为产品经理所积累的工作技能、工作方法和从产品经理到创业者的变化。

因为我从事产品经理完全是靠自己自学转型的，相比市面上通过培训入职的产品经理，我的方法会更加自由和实用。产品经理发展到现在，已经跟随社会发展的客观规律变得越来越精细化，但你仍然可以通过案例、机会选择的方式逐步成长和适应。

有的产品经理做了 10 年也还只是一个产品经理，而有的产品经理 5 年就成为企业管理者，这里面不仅是工作时间与经验的积累，还涉及职场中的突破，不可否认的是我们许多人会以结果和成绩来判断自己的价值，但实际上，一个产品的成绩包含了多元内容，除了产品的功能实现与技术方案，还有就是业务的流程、标准度。因此，如何在其中证明自己的价值，并且实现产品经理职位突破是我在本书里要重点介绍的内容。

除了使用一些通用的方法论外，还要构建标准的基础单元工作技巧，比如原型组件库、文档标准、项目管理流程。

从一个产品经理走向一个十余人的创业公司主管，我在其中扮演的角色超过了产品经理，甚至是公司行政、HR，承担公司人员的培养管理。在成为一个创业者后，如何为公司设计商业模式、构建最低成本的产品版本迭代计划，是我会在本书里讲解的。

相信你可以从我的创业故事中了解产品经理这个职位在创业中面临的常见问题，并努力去克服它们。

主人公 5：三爷

大家好，我是三爷，我的故事详见第 5 章、第 10 章、第 15 章、第 20 章。

我是一位工作了十余年的互联网老兵，在过往的职业生涯中先后创过业，做过头部互联网公司的产品线负责人，带过十余人的产品团队，同时因为一直在零售相关领域的缘故，也算是有幸亲身观摩与经历了中国互联网消费产业从起步到鼎盛的完整发展历程。

在我十余年的工作经历中，我也是从产品经理的"孩童期"开始，一步步从爬到走，再到现在奔跑在产品经理的职业道路上，而这背后是无数次跌倒又再爬起来的痛苦经历。

在本书中将我的过往经历总结为了三大阶段。

1. 我是如何入行的

在此处我为大家介绍了自己当初是因为什么而选择走上产品经理道路，并重点介绍了自决定要成为一名产品经理后，我通过什么样的方式与实现路径最终成功成为一名产品经理。

2. 成为独当一面的产品经理

在成功成为一名产品经理新人后，我将分享如何提升自己的工作效率与工作产出，并且如何学习以及积累起自己的一套产品论，最终跨越产品学徒的新人门槛，成为一名可以独立负责项目的产品经理。

3. 我的职业生涯危机以及我是如何化解的

在我对产品经理工作已经有了足够的认知并且能熟练完成产品工作后，我将分享进入到职业倦怠期的我如何重拾对工作的热情。此外在工作六七年后，我似乎已经看到了产品经理未来的尽头，知道自己未来可提升的方向是有限的。我将分享最终是如何走出自己的职业危机并且如何为自己的职业发展制定新的道路的。

作者
2023 年 8 月

作者简介

刘天
本书主人公三爷。

京都大学访问学者,10年新零售数字化产品专家,著有《中台产品经理》系列、《高阶产品经理必修课》等书,MBA特约讲师,多届峰会特邀演讲嘉宾,公众号:三爷茶馆。

张晋壹
本书主人公Kevin。

PMTalk发起人,香港理工大学硕士,8年+产品总监,36Kr特邀作者,腾讯课堂讲师,阿里设计协会作者。《迭代:社区产品设计和商业模式的七步策略》《产品之光:从0到1教你做产品经理》《用户心径》作者,公众号:Kevin改变世界的点滴。

罗静
本书主人公木笔。

供应链畅销书《实战供应链》作者,人人都是产品经理专栏作家,专注于供应链和B端领域,从0到1主导过多个十亿级以上的项目,公众号:供应链产品笔记。

薛松

本书主人公薛老板。

原百度、京东资深产品经理，《产品经理求职面试笔记》作者，目前专注于AI、AIGC、新能源等职业教育赛道，公众号：薛老板产品派。

赵世哲

本书主人公赵老师。

前京东高级产品经理，现负责墨刀/亿图的交易变现系统。已出版书籍《To B产品之美》《后端产品经理宝典》。专注电商、SaaS、医疗领域，公众号：产品参赵。

目录

第1篇 踏上征途

第1章 北漂，我的转型产品岗位之路 ·········· 2
- 1.1 初找工作，毫无方向的投递 ·········· 2
- 1.2 及时调整方向，斩获心仪的 offer ·········· 6
- 1.3 经验小结 ·········· 7

第2章 从实习生成长为一位合格的产品经理 ·········· 9
- 2.1 我是如何走上产品这条路的 ·········· 9
- 2.2 产品求职路上的坎坷与感悟 ·········· 10
- 2.3 我的第一份产品实习及两个贵人 ·········· 11
- 2.4 秋招前必须要做的准备工作 ·········· 14
- 2.5 如何合理地规划自己的秋招之路 ·········· 15
- 2.6 秋招拿到京东 offer 的流程及感悟 ·········· 16
- 2.7 秋招拿到腾讯 offer 的流程及感悟 ·········· 17
- 2.8 秋招拿到百度 offer 的流程及感悟 ·········· 20
- 2.9 经验小结 ·········· 23

第3章 发现自己的内核 ·········· 24
- 3.1 专注你的"战略层"做职业发展 ·········· 24
- 3.2 步入产品经理：职业发展踩坑 ·········· 25
- 3.3 各行各业转型产品经理 ·········· 26
- 3.4 经验小结 ·········· 29

第 4 章　产品学徒的故事 ……………………………………………… 30
4.1　从药物研究院辞职 …………………………………………… 30
4.2　奇怪的面试过程 ……………………………………………… 33
4.3　产品学徒的辛酸和进步 ……………………………………… 34
4.4　经验小结 ……………………………………………………… 35

第 5 章　从学生直接迈入产品经理岗位 …………………………… 37
5.1　我为什么选择了产品经理 …………………………………… 37
5.2　第一次产品经理面试 ………………………………………… 38
5.3　新人产品经理的快速学习 …………………………………… 39
5.4　经验小结 ……………………………………………………… 40

第 2 篇　修炼之路

第 6 章　破茧成蝶，让我成功入职互联网大厂 …………………… 44
6.1　谁还不曾是个小弟 …………………………………………… 44
6.2　技术的禁锢，不合格的产品人 ……………………………… 46
6.3　空杯心态，让我终于走出了囚笼 …………………………… 48
6.4　在大厂里，我是这么快速学习的 …………………………… 49
6.5　协同项目下的困局，如何突破 ……………………………… 50
6.6　系统化的学习，为我带来更大的机会 ……………………… 52
6.7　经验小结 ……………………………………………………… 54

第 7 章　初级产品经理最重要的事：快速成长 …………………… 56
7.1　多个校招 offer 的抉择 ………………………………………… 56
7.2　在百度我学到的标准化产品流程 …………………………… 58
7.3　在授业恩师的指导下完成项目落地 ………………………… 60
7.4　拥抱变化，感恩有你 ………………………………………… 63
7.5　经验小结 ……………………………………………………… 64

第 8 章　人人都可以做产品经理吗 ………………………………… 65
8.1　为什么选择做产品经理 ……………………………………… 65
8.2　市面上的产品经理都是多元的 ……………………………… 66

8.3 怎么样成为优秀的产品经理 ················· 66
8.4 经验小结 ································ 69

第9章 修炼：经得起挫折，耐得住时间 ··········· 70
9.1 从面试官视角初探产品经理修炼 ············· 70
9.2 找到产品的主人感 ······················· 73
9.3 找到自己真正薄弱的位置 ·················· 74
9.4 理解技术基本原理 ······················· 77
9.5 运用项目管理能力 ······················· 79
9.6 经验小结 ································ 80

第10章 走向独当一面的产品经理 ················ 81
10.1 我是如何成为项目负责人的 ··············· 81
10.2 正式独立负责项目 ······················ 83
10.3 跳槽那点事儿 ·························· 84
10.4 职业细分诉求 ·························· 86
10.5 我的产品经理职业选择 ·················· 87
10.6 产品人要去混圈子吗 ···················· 90
10.7 修炼工具：个人产品资料库 ··············· 91
10.8 修炼工具：业务建模能力 ················ 93
10.9 经验小结 ······························ 94

第3篇 职业危机

第11章 创业公司的历练，我的成长与危机 ········ 96
11.1 加入创业公司，在混乱中求生存 ············ 96
11.2 快速奔跑，供应链整体技能升华 ············ 98
11.3 倦怠期的机遇，从专业路线走向管理 ········ 101
11.4 迷茫，不得不面临的十字路口危机 ········· 102
11.5 经验小结 ····························· 103

第12章 第一次职业困惑以及我的思考 ··········· 105
12.1 第一次跳槽的决策逻辑 ················· 105

- 12.2 内推，跳槽必须重视的求职渠道 ········· 106
- 12.3 如何在被动局面中破茧成蝶 ············· 108
- 12.4 第一次职业迷茫以及自我救赎 ··········· 110
- 12.5 战略级项目的操盘流程 ················· 112
- 12.6 工作五年后该如何凤凰涅槃 ············· 114
- 12.7 经验小结 ··························· 114

第 13 章 产品经理的工作流程 ············· 116
- 13.1 工作的固定流程 ····················· 116
- 13.2 洞察真实的需求 ····················· 116
- 13.3 开发实现 ··························· 118
- 13.4 经验小结 ··························· 119

第 14 章 正视产品生涯中的危机 ··········· 120
- 14.1 深度思考 ··························· 120
- 14.2 大环境的危机 ······················· 121
- 14.3 35 岁的大龄危机 ····················· 122
- 14.4 经验小结 ··························· 124

第 15 章 产品经理的职业危机 ············· 125
- 15.1 工作熟练后的职业倦怠出现 ············· 125
- 15.2 第一次遭遇裁员 ····················· 126
- 15.3 经验小结 ··························· 127

第 4 篇　职业破局

第 16 章 两次心态升华，助我突破 35 岁危机 ········· 130
- 16.1 与其终日迷茫，不如做点什么 ··········· 130
- 16.2 繁华落幕，迈向新征程 ················· 131
- 16.3 高开的起点，低走的结局 ··············· 131
- 16.4 再次突破自我，直面 35 岁危机 ········· 132
- 16.5 经验小结 ··························· 135

第 17 章　摆脱迷茫，工作 5～10 年后如何不断向上突破 ·············· 137
17.1　选大公司还是小公司的"时机"逻辑 ···················· 137
17.2　新业务的整体规划逻辑 ································ 139
17.3　新业务产品体系搭建以及落地 ·························· 141
17.4　新业务运营体系搭建以及落地 ·························· 143
17.5　经验小结 ·· 146

第 18 章　从产品经理到 CEO ··································· 147
18.1　需求调研：创业方向在哪里 ···························· 148
18.2　竞品调研：让创业更稳 ································ 150
18.3　产品设计：具象功能 ·································· 151
18.4　业务管理：管理后台 ·································· 152
18.5　优化迭代：为业务做减法 ······························ 155
18.6　设计北极星指标 ···································· 156
18.7　做好产品生命周期判断 ································ 156
18.8　经验小结 ·· 159

第 19 章　每次突破都是新台阶 ································· 160
19.1　突破"团战"软实力 ·································· 160
19.2　突破决策能力瓶颈 ···································· 163
19.3　经验小结 ·· 165

第 20 章　突围，迈向高阶产品经理 ····························· 166
20.1　意外走上管理岗 ······································ 166
20.2　反思职场机遇 ·· 168
20.3　我如何管理产品线 ···································· 169
20.4　成为面试官后看产品能力模型 ·························· 170
20.5　临近 35 岁的职业危机 ································ 172
20.6　我去专家岗还是管理岗 ································ 174
20.7　经验小结 ·· 175

结语 ·· 176

第1篇　踏上征途

本篇为大家介绍几位资深产品经理在职业生涯初期是基于什么原因选择走上产品经理这条道路，以及在决心要成为一名产品经理后，最终是通过什么样的方式与路径成功成为一名真正的产品经理的。

主人公：木笔

我的角色	工作年限	关键人生事件	通关锦囊
项目实施顾问	第0年	跨城市转行	转型面试的方法

第1章　北漂，我的转型产品岗位之路

1.1　初找工作，毫无方向的投递

2012年的3月乍暖还寒，我在北京西站的广场上小心翼翼地查看着换乘到回龙观的公交路线。我的产品经理之路，从这里启航。当时的我26岁，已经在第一家公司干了4年多。遭遇发展瓶颈后决定北上谋生。

在北京找工作的过程是痛苦的，当时移动互联网刚起步，主流还是3G和PC时代，投简历主要靠中华英才网、51job、智联招聘，级别高点的会用猎聘，没有拉勾，也没有领导直聘，更不会有远程电话和视频面试，全都是HR打电话邀约到现场面试。交通网络也不像现在这么发达，中转三四趟车，路上耗时两个小时，面试10分钟是很正常的。经常上午在北边赶一场面试，中午随便在路边买个煎饼果子应付一下，然后赶去南边面试一场。如果时间充裕，再匆忙赶到东边，几轮面试下来就到晚上了。

有人可能会说："为什么要让自己这么累呢，慢慢找不行吗？"当然不行，我们的底气来自于我们银行卡里的余额。当时的我，身上仅有几万元的积蓄，这点碎银，在交了半年房租，置办了一台电脑和其他生活设施后，就所剩无几了，于是我给自己定下了一个目标，1个月之内必须找到工作，否则就要断粮了。

2012年的大环境比现在要好得多，以BAT为首的互联网公司把传统行业搅得天翻地覆。凭着自己在老东家4年多的学习成长，我在仓储物流行业一线摸爬滚打，接触过标准的物流流程和自动化设备，干过物流系统研发、懂数据库，当过项目经理，做过项目实施。我在投简历时，感觉自己无所不能，好像这个岗位也匹配，那个岗位也能干，于是就广撒网，线上海投，线下也通过朋友内推，为自己捞了不少面试机会。但我并不怎么顺利，不是没有面试，而是面试太杂没了方向，导致结果不理想。

经验： 在面试准备时，切勿贪多将自己的所有经历都写出来，而是需要根据岗位的要求仔细梳理自己过往的经验，将最匹配的部分展示出来，给到面试官。

因为是校招就进了前东家，之前没有过社招面试的经验，所以获得的每一次面试机会，我都非常珍惜，不管多远，不管多离谱，自己都愿意去试一下，回来后便在本子上记录下来每一次的面试经历，做好总结复盘，看看自己缺什么就抓紧弥补，继续再战。回头想想，这些不经意的习惯，反倒是后来支持我在产品经理道路上勇往直前的动力源泉，不怕吃苦，勇于尝试，善于总结，这些习惯在任何时候，都是我们身体最底层的驱动力。

经验： 我们找工作面试时，可以分为刷经验和求工作两种目标。如果是为了增加面试经验，多了解面试官会问的问题、市场行情、产品经理需要的技能等，那就广撒网，机会越多越好，面试过程中重点关注你想关注的信息，结果不重要；如果是为了认真求工作，那就好好准备，定向投递，把每一次面试都当作你的毕业答辩一样重视和准备，过程和结果同样重要。

找工作的前两周，我平均每天有 1～2 个面试，周末也不闲着，却没有拿到一个 offer，总结起来主要有以下几个原因：当我去面试技术开发岗位时，别人觉得我技术水平一般，使用的开发语言也太古老，没有三层架构经验；当我去面试数据库岗位时，别人觉得我只会数据库开发，而且做得并不深入；当我去面试项目实施岗位时，别人希望能长期出差，但这又不是我能接受的。好不容易有几个面试通过了，但待遇却与自己的期望值相差太远。

记得其中的一家小型软件公司的终面环节里，CEO、CTO 和好几个技术负责人一起对我轮番式地提问，让我受宠若惊，一个普通的系统开发岗位，我何德何能配得上这么大阵容？1 个多小时面试完以后，到了谈薪环节，CEO 底气十足地跟我说："按照你上家公司的工资标准，我给你涨薪 20%，怎么样？"我当时在心里觉得不可思议，因为按照我自己的谈薪逻辑，上家公司所在的中部省会城市，消费水平和工资水平都和北京不一样，按照同等工作经验折算，需要溢价 40% 才能拉齐北京的工资水平差距，我希望在此基础上再谈涨幅，比如在武汉 6000 元 / 月，那在北京就以 8400 元 / 月为基础谈薪资。

结果可想而知，不欢而散，对方觉得我这个年轻人不知天高地厚，漫天要价，我觉得对方不尊重人，诚意不足。

经验：换城市工作不是一件小事，我们需要考虑不同城市的消费水平、平均工资、工作时长、通勤时间等多方面的因素，然后再结合自身情况进行谈薪，以上因素都应该能量化到我们的收入里，否则，很有可能会被套路，出现明升暗降的情况。例如你在二三线城市拿 5000 元，包吃住，但到一线城市工资涨到了 8000 元，结果仅每个月租房和吃饭就要花费 5000 元，那就得不偿失了。

尽管连连受挫，但我依然保持着诚实和热情，自己会什么不会什么，想要什么不想要什么，都会和面试官坦诚地沟通，即便有时知道结果不好，但自始至终都没想过通过包装简历和话术来走捷径。多年以后，我也成为了面试官，面试了好多人，回想起当年那个稚嫩而坚强的自己，庆幸自己当时一直在审视和弥补自身短板，而不是想通过包装自己来速成。而如今在面试过程中，我看到很多学生通过琳琅满目的互联网工具将自己的简历包装得像明星一般耀眼，把自己的面试话术包装得像外交官一样滴水不漏，不免心生叹息。他们如同流水线上生产出来的工艺品一样，看似完美无瑕，但千篇一律，缺少灵性，那种灵性就是每个人身上最本真的东西，是我们的性格、品性、习惯、思维方式和学习能力，**所谓可塑之才，绝不是看你现在会什么，而是根据你的基因来推断你未来会到什么高度**。

经验：在此也告诫毕业就想做产品经理的同学们，多花点精力去打磨你的责任心、自驱力、结构化思维等产品底层能力，看书、学习、总结、思考，让自己成为一名可塑之才，比把自己包装得花里胡哨要强得多，在有经验的面试官眼里，哪些是真，哪些是假，面试官内心其实非常明白。当然，我想表达的是，在这个充满竞争的时代，完全不包装肯定是不行的，你得会，但不能过。

这里，我根据自己十多年的经验，总结了一个产品经理的"1357"能力模型（从内而外分别是 1 个工作价值、3 个底层品质、5 个思维能力和 7 个产品技能）分享给各位朋友，这些技能是我们从内而外需要修炼的产品技能。

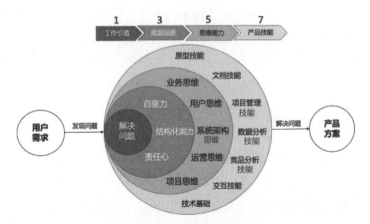

产品经理的"1357"能力模型

- 1个工作价值：如果把产品经理所有的工作浓缩成一个能力的话，那就是解决问题的能力，这是我们的价值所在。无论是用户提出的需求，还是业务现场发现的问题，到产品经理这里求助，都是希望我们能够帮助他们解决问题，而我们需求分析的过程，就是将用户的问题转化为调研和分析以后输出产品方案的过程。

- 3个底层品质：自驱力、结构化能力和责任心。这是每位产品经理成事的底层品质，决定了我们将来可以走多远。自驱力帮我们主动学习和发现问题，结构化能力帮我们快速总结归纳，找到事情的核心和本质，责任心帮我们更好地达成目标。

- 5个思维能力：业务思维、用户思维、系统架构思维、运营思维和项目思维。如果要成为一名优秀的产品经理，我们需要对业务有足够的了解（业务思维），能够理解我们的用户，挖掘用户需求（用户思维），然后基于业务需求设计出合理的系统架构（系统架构思维），并能评估 ROI，采取运营策略将项目成功地上线运营（运营思维），在项目开展过程中，能够管理项目预期，评估项目优先级和风险，确保项目保质保量上线（项目思维）。

- 7个产品技能：原型技能（Axure、墨刀、Sketch 等）、文档技能（Word、Excel、PPT 等）、项目管理技能、数据分析技能、竞品分析技能、交互技能（设计页面交互）、技术基础（掌握数据库 SQL、接口等常用技术）。这些技能都是我们日常工作中经常用到的，便于我们更好地开展工作，每个人都需要熟练掌握。以上几个产品技能，自内而外，越外围的技能越容易速成，是可以通过短期大量的练习而快速提升的，这些能力决定了产品经理的起点，学会基本就能立即开展工作了。而越靠近里面的技能越考验个人素养和品质，与每个人所处的环境、教育、阅历息息相关，这些能力不容易直观地显现出来，经常被新人所忽视，但它们却是最重要的底层能力，决定了产品经理的终点和未来。

1.2 及时调整方向，斩获心仪的 offer

疲惫的两周过后，面试经验刷得差不多了，我也发现了自己的优势和弱势，于是慎重思考了一下未来的方向，最终发现之前最向往的技术专家路线可能并不适合自己，因为之前所学实在太陈旧，跟不上时代的发展，反而是自己在物流行业里摸爬滚打的四年，积累的业务和行业经验是自己最大的优势，那几年物流行业高速发展，我之前就职的公司作为医药物流的龙头企业，在这块更是走在前沿，成为了行业楷模，我身处其中，自然也跟着成长起来。

另外，自己比较擅长和业务一起梳理流程和通过系统来解决问题，而且自己也比较喜欢，每每得到业务方的认可，总是成就感满满，这份成就感，不亚于写代码。分析过后，我把目标聚焦到了仓储物流领域，希望从事需求相关工作，并开始在这个方向上定向修改简历，准备面试。

> **经验**：已经进入社会多年的我们，有了自己的思维和沉淀，如果想转行，肯定无法再像单纯的校招生那样招企业喜爱了，所以我们需要经过充分的思考和评估以后，再决定自己是不是该转型。评估方法参见 1.3 节。

功夫不负有心人，三周过后，我在朋友超哥帮忙内推的公司复试通过了，岗位是某央企下设的物流项目组的需求分析师。收到 offer 的那一刻，我激动不已。

我之所以心仪这家公司，并不是因为待遇，当时手上还拿到了另一家公司比这边待遇还要高的 offer，主要是可以和老朋友超哥一起共事。超哥是我在老东家的同事，我们一起校招进入公司，后来一起学习成长，共事过好几个项目，成了很好的朋友。后来超哥来到了北京，兜兜转转来到了这家央企做物流项目，负责系统的需求分析，刚好当时项目组缺人，便帮我内推了，还作为内应，耐心地跟我传授了面试需求分析师的各种技巧，以及几位面试官的性格喜好。能够面试成功，七分靠我的自身实力，三分靠超哥的推波助澜。

就这样，我从一名技术开发和项目实施顾问，转型为一名需求分析师，虽然当时不叫产品经理，但做的事情和后续产品经理的工作相差无几。在这里的一年多,我有过痛苦,有过挣扎,无数次地想回头,最后终于实现自我突破,成了一名合格的产品经理。

1.3 经验小结

首先,在转型前,一定要先对自己做个综合评估,分析自己是否真的要转型,并找到自己的优劣势,增加与目标企业的匹配度,并努力准备。评估方式可以分为如下3个方面:

(1)自身未来的规划。工作几年后,我们一定要对自己做一次深度复盘,知道自己未来想干什么,我们的优劣势在哪,然后再看转行是不是能够符合我们的预期,如果不能,那就不是我们想要的,绝对不要只看收入,或者人云亦云。要记住,鞋子不是越贵越好,适合自己的才是最好的,产品经理看起来门槛很低,但实际上对综合能力要求很高,并不是所有人都适合也都喜欢的。

(2)新工作的发展前景。谁都不希望进入一个夕阳行业,所以既然转行,新的工作方向一定是能让自己有更好发展的方向,无论是收入、能力还是眼界,至少一项。做产品经理,不同行业的发展也是有很大差异的,找到一个未来足够广阔的领域,通过时间来弥补自己转行前的时间损失。

(3)新工作方向与原工作的关联度。新的工作方向最好和我们已有的经验有关联性,行业、技能、项目经验、工作性质,哪怕一点都好,把这份关联性作为我们转行的基础起点,会更容易成功。比如你之前一直在某个行业,对行业有一定的了解,那就可以优先考虑这个行业相关的产品经理机会。

其次,在转型找工作和面试过程中,要善于利用自身已有的经验,企业招聘有工作经验的人,一定是基于我们的核心能力和它匹配度较高,并且觉得我们能够胜任,才会愿意要我们,所以我们需要定向做一些准备工作:

(1)做简历时,一定要针对该岗位的核心要求定向准备,最好有案例和数据支撑,增加自己的竞争优势。就像我,最后把方向锁定在物流领域,并为之做了充分准备,才拿到了几个类似的 offer,如果自身准备不足,肯定也是没戏的。反之,即便不去超哥所在的公司,也会去其他类似的行业和岗位。

(2)投简历时,也要讲究策略,好的策略可以提高面试的概率,建议前期刷经验,后期定向投递。前期可以针对一些可能性较小的、自己不愿意去的公司进行投递,目的是争取面试机会,积累面试经验。等到经验刷得差不多了,自己也准备好了，再投递自己心仪的公司。千万不要在自己没准备好之前就投了心仪的公司，结果面试很糟糕，错失了机会。

另外，投递简历的方式有很多，要善于借助身边的资源，比自己孤身奋战要高效得多。从成功率来说，优先考虑朋友内推，其次是猎头，最后才是在招聘网站上投递。善于借助资源达成目标，本来就是产品经理应该具备的素质，特别是换城市"换赛道"时，能够得到朋友的帮助，成功的概率会增加很多，一定不要拒绝。当然，受助之后，一定要及时感恩。

（3）获取面试机会以后，一定要先和 HR 沟通一下应聘岗位的要求和预期，并做足准备，如果时间允许，可以自己做一份对目标岗位的分析报告，带着自己的思考和建议去面试，会极大地增加面试官对自己的好感。

面试过程中该如何从容应对，有太多的经验可借鉴，就不一一赘述了，但对于转型的我们来说，有两点很关键。一是要自信和真诚。自己会的问题，有条有理地回答，体现出自己的思路；自己不会的，果断承认并虚心求教，在有经验的面试官眼里，说自己不会也比胡说八道给人印象要好得多。二是要有意愿，全程表现出对公司和岗位的向往，对面试官的尊重，可以从情感上给自己获得加分。

最后，我想说的是，方向很重要，心态和热情更重要，人生就像前行的高铁，每一次换道都要减速，我们的时间是宝贵的，一旦减速，就会比其他人落后。所以，在转型之前，多思考和分析一下这份工作的前景如何，是不是能够持续干下去，自己是否真的喜欢这份新的工作，得到属于自己的肯定答案以后，再充满热情地坚持下去。反观我自己，当初正是觉得物流是个前景不错的领域，自己对需求分析也充满向往，所以才能一直走到现在。

主人公：薛老板

我的角色	工作年限	关键人生事件	通关锦囊
产品实习生	第 0 年	做出求职产品经理的决定并着手准备	应届生求职产品经理的最有效方法

第 2 章 从实习生成长为一位合格的产品经理

2.1 我是如何走上产品这条路的

本科期间我所接触到的职业信息非常少，那时候我都没听过产品经理这个岗位。但是自己还算是挺能折腾的，例如发现学生社会实践机会比较少，就创办了大学生社会实践联盟，打通公司和学生之间的兼职、实习、招聘沟通渠道，然后我从中赚取学生的会员费以及公司的佣金；而后我又发现商家经常需要商演，我就在学校组建起礼仪队、舞蹈队去做商演服务，凭借低廉的价格和优质的服务，我们几乎垄断了那个小城市所有的商演。

当我又发现每年新生入学之后存在对报到流程、学校周边信息不了解的情况后，就跟学长一起出了一本《大学生新生入学指导手册》，详细描述了报到流程、军训注意事项、推荐加入的社团、学校周边吃喝玩乐攻略等，手册是免费发放给学生的，里面的内容能被数万新生看到，这个广告价值对于周边商家是非常有吸引力的。我们正是通过在手册中做广告的形式营利，每学期开学都能赚几万元。

到了研究生期间，我发现学校不允许快递员进校门，只能在校外等学生来取。所以我就打算在校内租一块场地做快递的中转驿站，跟快递员合作把快递放到我这里，交接完成之后就不用等了，学生也可以随时来我这查取快递，没有了时间的限制，这其实就是现在快递驿站的最早雏形。此外由于我们实验室主要是做虚拟现实与人机交互相关方向的，所以我跟实验室的小伙伴使用 AR 技术开发过一款游戏产品，并参加 GWB 腾讯游戏创意大赛，成功闯入全国十强。

就这样时间过得飞快，研一很快就结束了，虽然自己小打小闹地折腾过一些事，但是我对于未来的职业规划非常迷茫。当时一位研三的学长要毕业离校了，我去他宿舍给他送行，顺便咨询一些求职问题。由于我不想写代码这个想法也明确跟他说过，聊到最后他跟我说：我觉得你适合去做产品经理！

就是这么一句话，深深地改变了我的职业规划，而这种改变对我的影响很大，因为在那一刻之前我从来没有听说过产品经理这个岗位。回到宿舍我就开始搜索产品经理这个岗位，并一口气读完了《启示录》和《人人都是产品经理》这两本书，我发现：这不就是我一直想做的岗位嘛！这也太适合我了！

反思自己在学生阶段做的所有事情，其实都是在发现生活中的痛点，然后想办法去解决，这不就是产品经理的日常工作吗？

经验：判断自己是不是适合产品经理这个岗位，可以从两点出发：

（1）是否能主动去发现生活中的痛点；

（2）自己是否能给出"可落地"的解决方案。

如果都满足就说明你与产品经理这一岗位非常契合。

我喜欢做类似的事情，在"折腾"的过程中，我能找到成就感，感到很快乐。但是，自己之前折腾的那些事毕竟都是小打小闹，影响的范围有限。**互联网跨时空、大用户量的属性，可以让一款优秀产品的用户价值无限放大**，这一点深深地吸引了我。

心动不如行动！此后我再也没有迷茫，开始全力准备产品经理的求职。

2.2　产品求职路上的坎坷与感悟

刚开始，我走了求职产品经理的第一个弯路。

因为我在网上查产品经理相关的求职信息，有人说产品经理要懂技术。但是我是学物理的，根本没有相关的编程基础。我当时的想法是一定要把自己的技术能力提升到一定的水平，再去找工作，不然以后就没机会学习了，至少要能做出一个完整 App。而最好的学习方式我认为是实习。所以我就开始关注技术研发相关的岗位，因为我决心当一个懂技术的产品经理。虽然拿到了人人网和联想的面试机会，但是一番面试下来均以失败告终，这样的结果对自信心的打击还是挺大的。

经验：不管求职什么岗位，都会因为之前的经验相对欠缺而变得很困难，所以找第一份实习工作的时候一定要学会调整心态！

最后，很幸运我拿到了追光动画（土豆网的创始人王微创办的追光动画，立志做中国的皮克斯）的实习 offer，他们当时为了宣传动画想做一款 VR 产品，戴着 VR 头盔 就能走进电影世界，这跟我的专业太对口了，也因为这个原因他们才给了我这个没有编程经验的学生一个实习机会。我深知自己基础一般，所以为了快速上手工作，我自己在宿舍找了一个入门教程整夜整夜一点一点地敲代码。

但是，终究因为自己底子太薄弱，加上在学习的过程中发现自己真的没有从心底里热爱敲代码这件事，所以进步比较慢，导致工作完成得很不好。当时我的直属领导是一个技术大牛，有一次开晨会问我一个功能的开发进展，我说完后他说了一句："你怎么还没搞定。"虽然当时他是面带微笑说的，但看得出他有点失去耐心了。这一刻其实对我的打击有点大，虽然有点初入职场比较"玻璃心"的因素在，但是这让我深刻体会到：也许我真的不适合走技术路线，即使我实习一年也不会成为一个技术特别牛的人。

等我真正做了好长时间产品经理之后，发现做产品其实不需要会编程。懂技术不等于会写代码。

经验：作为产品经理懂点技术可以在产品设计阶段明确边界，同时可以更好地跟研发合作，但是真没必要去学习如何敲代码，只要懂得以下两点，就完全够用了：
- 从技术角度看，一个互联网产品的结构是怎样的，各自承担什么功能。
- 从技术角度看，当用户进行某种操作后，程序运行的基本逻辑是什么。

这可是我走了很多弯路、耽误了很多时间总结出来的深刻的教训！如果正在读这本书的你，以后打算求职产品经理，可以引以为戒。

2.3 我的第一份产品实习及两个贵人

后来我开始专注寻找产品经理的实习岗位。刚开始不太了解产品实习的难度，自大的我认为凭借自己 985 硕士的背景找个实习岗位不难，但是事与愿违，由于没有产品相关的项目经验，投递了上百份简历几乎都石沉大海。后来，我在网上了解到找实习最靠谱的方法就是找熟人内推。

> **经验**：求职产品经理一定要有项目经验或者实习经验，来证明你已经具备了产品经理的能力模型。

所以我开始在论坛上疯狂发帖询问有没有师哥师姐在做产品经理，并把自己的简历截图放出来。后来一个叫"强"的学长回复我说："不招产品经理，只招我的产品小弟，来不来"。我当时只想抓紧入行产品经理，管他什么头衔，因为这都快到 5 月份了，我再不实习根本就没机会了，所以就果断地约了面试。

这家公司的名字叫安天网络——是一家做互联网威胁检测与防御相关领域的软硬件服务商。论坛里的"强"就是后来我的入职导师，是比我高一级的同校学长。因为有这层关系在，所以面试心态就非常轻松了。第一个问题就是直接说自己的经历。我首先从自己大学创办社团的事说起，然后简单说研究生期间的项目，最后说在追光的实习。后来又说到对于产品经理职责的理解，由于当时刚看完《用户体验要素》，就按照书中的 5 个层次说了自己的理解。整体面试下来他对我比较满意，最后他开始跟我分享自己的经历，讲了自己大学如何从数学系转到计算机系，如何废寝忘食地写代码，毕业后如何从事产品经理岗位，此时我当然选择做了一个捧场王，于是一面就这样在非常愉快的氛围中结束了。

> **经验**：在校生求职产品经理在经验不足的时候一定要善用学长学姐资源；在面试中如果面试官向你展示他的能力，说明他在拉拢你，面试结果一般不会差。

当时由于产品总监出差在外，所以没有面试我，后面增加了一场 HR 面试，顺利通过之后我 5 月 11 日正式入职。这算是我第一份关于产品经理的实习工作，也是对我帮助特别大的一份实习，因为在这段时间我遇到了两个"贵人"。

虽然强哥的初衷是找一个产品实习生帮他处理各种执行的工作，但是作为导师他还是很负责的，给我发各种学习资料，包括公司产品的文档资料，当然也包括产品经理岗位的资料。刚开始他给我安排的工作主要是字段整理，这应该算最基本的工作了。后来我帮他做过追影页面的交互设计以及字段梳理等，逐步熟悉了产品经理的一整套工作流程。

> **经验**：大家可以看到产品实习生就是一个产品助理的角色，大多数情况下是要在产品经理的指导下完成部分功能模块的设计工作，这能为后面独立开展产

品工作打下良好基础。

除了工作以外，由于我俩年龄相仿，所以亦师亦友，平时也会谈论很多产品相关的话题，比如我印象最深的一个问题是"唯品会为什么20分钟清空购物车，30分钟取消订单"。从他身上我学到了一个优秀的产品经理是如何思考问题的，当然对这些产品问题的讨论对我日后的秋招产生了非常大的帮助，让我的产品思维有了质的提升，**所以说强哥是我产品路上的第一个贵人。**

但是好景不长，等我大概实习了一个月的时候，强哥离职了。这对我来说有点突然。在强哥工作交接期间，我的直属领导变成了产品总监——涛哥，也就是当时因为出差错过的面试官。

他给我安排的第一个工作就很紧急，那就是撰写安天病毒百科白皮书。当时我连什么是白皮书都不清楚，套用他自己的话说"确实难为你了"。但我依然迎难而上，我先根据自己的理解写了一版，交给涛哥后他提了很多问题，需要大范围修改。

这时候涛哥对我说："**对于一个新人来说，在什么都不懂的情况下，要学会让别人帮助你工作输出。**"这句话真的让我受用终身，相信对于目前处于职场初期的小白也会非常受用。

经验：在职场中领导真正在乎的是结果，作为员工，核心是要高质量地完成工作。作为一个小白，一定不要为了自己的"面子"去不懂装懂，这样不但导致自己的工作效率非常低，而且工作质量也很难保证，最终给出的结果也肯定无法让领导满意，因而很难得到领导的赏识。

后来我向一个对病毒安全很了解的大哥请教。他根据以往的经验积累以及对安天病毒百科的定位给我了一些建议，我按照他的建议完善了一版，给涛哥看后他又提了一些修改建议。随后我整合所有人的想法，并按照自己的思路整理出一版新的，这一次涛哥已经比较满意了。

经验：任何工作不怕你不会，就怕你不认真思考。产品经理为什么需要很强的学习能力？就是因为你每天做的事情都是不一样的，在工作中你会遇到各种各样的新问题，只有强大的学习能力才会让你高效地推进工作。

貌似就是在完成这项工作之后，涛哥逐渐认可了我。此后，涛哥曾单独找我聊过，明确表示希望我能留下并承担强哥的工作，还将我的实习工资从 3000 元 / 月直接涨到 6000 元 / 月，当时我应该算行业内薪资最高的产品实习生了。在后续的工作安排中很明显地能感觉到任务量的加大，我开始体会到职场的法则：**拿更多的薪资，意味着要有更多的付出和贡献，领导对你的要求也会更高。**

那时候由于涛哥在公司内部也做了一个创业项目，所以跟安全相关的项目几乎都是我在主导，从前期的业务调研到后续的模块逻辑梳理，我认为这是我在安天做的最有意义的工作。甚至产品部开会时涛哥发言完毕都会首先问我的意见，让我受宠若惊。我真的很喜欢那段时间的工作状态，真的找到了做产品经理的快感，感谢涛哥的"知遇之恩"。

2.4 秋招前必须要做的准备工作

在安天实习的时候，秋招就陆陆续续开始了。所以我一边实习一边备战秋招。

在这个时候，我开通了自己的新浪博客。结合自己的面试经历，开始整理产品相关岗位面试高频问题的答案，借鉴别人的精华再融合自己的思考形成完整答案，整理完我会将自己的答案发到博客上，时不时也会有一些人点赞互动，这不但让自己非常有成就感，而且其他人的建议也可以让我的答案更加完整。

经验：建议想要求职产品经理的小伙伴一定要提前梳理产品经理高频面试问题的答案。

除了面试问题及答案的整理，我还开始准备自己的作品集。第一个作品集是撰写了一份完整的产品分析报告——饿了么和百度外卖（当年排名第三的外卖平台），并将百度外卖上传到"人人都是产品经理"这个网站。

第二个作品集是自己完整地做了一款 App，这是一个关于校园陌生人交友的产品，名字叫作"丘比特之箭"，我在做这款产品的过程之中系统地提升了自己需求分析、用户调研、竞品分析、产品设计方面的技能。

而在此后我的整个校招过程中，产品分析报告、完整的产品项目以及安天的产品实习果然成了面试官重点深挖的方向。

经验：所有想要求职产品经理的在校生，不光要有实习，也一定要有一个完整的

App 产品项目。这样才有更大的竞争力，因为并不是所有人实习都能像当年的我那样遇到一个放手让我做很多事情的领导，据我所知，很多实习生主要工作是"打杂"，这样就造成他们的产品能力模型是欠缺的，而从 0 到 1 做一款产品恰巧可以弥补这个短板，因为从 0 到 1 设计一款产品的过程中，会让你所有的产品技能得到系统提升。

2.5 如何合理地规划自己的秋招之路

经验：所谓"金九银十"，这是传统意义上的校招时间。但是对于互联网行业来说，时间要更早一些，6～8 月份就陆陆续续有公司开启了提前批的招聘工作，腾讯、阿里等一线大厂从 3 月份就开启了暑期实习招聘，而且暑期实习的转正率非常高，这也是我一直强调不要错过暑期实习的原因。

9 月份几乎是所有互联网公司网上申请加在线笔试的时间，所以 9 月份是尽可能地收割"入场券"的时间，9 月份做得好，10 月份才会有更多面试机会。绝大多数企业都会在 9 月份截止简历的投递，并且截止时间都是不一样的，经常会出现某家企业已经截止投递了才后悔没有投递的情况；而且笔试的时间都是固定的，经常会出现两家公司笔试时间冲突的情况，这样就需要应届生在各家单位之间权衡比较确定参加哪一家。

10 月份是红红火火的面试月，HR 会首先给你打电话确认时间，这样你就可以根据自己的实际情况错开与别的公司的面试时间，但是第一面是群面的情况你是无法选择的。而且有的时候一家公司的面试时间你不可控，导致这一家面试完毕之后已经错过了下一家。

为了让大家对于秋招有更好的规划，从而取得更好的结果，推荐大家使用我当年的方法，也就是做好"项目管理"。就类似于产品经理日常工作的项目排期表一样，将每家公司的每个核心节点都标记清楚，这样大家就不会错过任何一家公司的简历投递，也不会出现面试冲突的现象。

序号	公司名称	宣讲会时间	网申截止时间	笔试时间	一面时间	二面时间	HR面试时间	offer状态	备注
1	百度	7.8	9.1	9.21	10.01			get	
2	京东	8.8	9.2	9.22	10.05			get	
3	字节跳动	9.1	9.3	9.23	10.11			等结果	
4	美团	7.8	9.1	9.21	笔试挂掉				
5	滴滴	8.8	9.2	9.22	10.21				
6	小米	9.1	9.3	9.23	10.01	一面挂掉			
7	腾讯	7.8	9.1	9.21	10.05				
8	阿里	8.8	9.2	网申未过	10.11				
9	爱奇艺	9.1	9.3	9.23	9.31				
10	网易	7.8	9.1	9.21	10.21	10.23			
11	搜狐	8.8	9.2	9.22	10.01				
12	新浪	9.1	9.3	9.23	10.05				
13	高德	7.8	9.1	9.21	10.11	10.19	二面挂掉		
14	搜狗	8.8	9.2	9.22	9.31				
15	知乎	9.1	9.3	9.23	10.21				

当年我内推以及投递简历的公司有阿里巴巴、腾讯、百度、京东、美团、爱奇艺、去哪儿、搜狐、搜狗、360、唯品会、网易、新浪、今日头条、苏宁、小米、华为、盛大游戏、完美世界、猎豹移动、迅雷、Paypal、陌陌科技、联想、乐视、优酷土豆、携程、大众点评、易车、豆瓣、58 同城等，最终拿到了腾讯、百度、京东三家大厂的 offer，接下来给大家分享一下这三家公司的求职历程，希望对大家求职有所帮助。

2.6 秋招拿到京东 offer 的流程及感悟

9 月中旬我收到京东的面试通知。一面的面试官主要就我在安天的实习经历深入问询，同时也认真看了我的"丘比特之箭" App 项目经历和《百度外卖产品分析报告》，大学的经历也有问到，所以时间拖得比较长。问得比较主观的一个题是"如何提升京东商城的黏性"，我给出的答案已经记不清楚了，依稀记得说过做积分商城、要晒图，其实就是所谓的社区建设那一套。

最后问我有哪一个部门特别想去，她帮忙标注一下。

首先我觉得既然刚开始就选择了商城，中途换部门给人印象不好，会被认为职业规划不清晰；其次商城是京东的核心业务线，从自身角度来说自己也是比较喜欢商城；后来才知道，这个面试官就是商城的产品经理，如果下一面是她的领导，她的评价会给我加分。所以我斩钉截铁地说："商城就很好"。

其实当她问我这个问题的时候，我就知道自己肯定能通过一面了，然后就问她："您觉着我今天的表现如何？"她很坦诚地说："我对你的能力是相当认可的，但是你在叙述的时候有点啰嗦，面试官都很累，以后面试的时候要简洁。"

之前我总以为说太简洁面试官会听不懂，所以在描述的时候会加入很多解释性的话，她的话让我猛然惊醒：**其实面试官才是专业的，有时候过多的解释就是多余的**。感谢她的坦诚，因为有的时候面试官是拒绝回答这个问题的。

没过几天就收到了京东的二面通知。我与二面的面试官全程聊了一个小时左右。印象比较深的是问我"产品经理的工作职责"，我把产品经理的工作流程给她描述一遍，然后把自己认为的产品经理该具备的素质讲了一下，她对这个答案还是比较满意的。后来又问我喜欢什么运动，我说羽毛球，她说："如果现在让你教我一招，我学会之后就可以打得比较好，你会教什么？"我说："打羽毛球跟打网球类似，刚开始一定要规范动作，要知道如何合理地用力，之后的都会事半功倍。如果让我教您一招，我会规范您打高远球的动作，把两臂无限地张开，然后在击球的那一刻突然握紧球拍。"

也许是我的激情、对羽毛球的热爱感染到了她，**因为做产品就是要热爱生活，要对自己的产品充满激情**，整体感觉她对我还是很满意的，最后她问我还有没有问题，我刚说完没问题了就随口问了一句京东的新员工培训体系。她假装生气地说"最后一个了哈"，简单的几个字就把面试中积累的尴尬气氛化解掉了，真是一个情商高手。然后继续说："在京东的培训太多了，你需要考虑的是有没有时间参加这么多，而不是有没有。在京东还有一个好处是当你在一个部门积累到一定程度后可以很方便地申请去别的部门，来扩展自己。"听到这我就知道有戏了，她已经开始有"拉拢"我的意味了。

最后收到了 HR 面试通知。面试时间定在中午，HR 也问到了与业务部门相同的问题，关于对产品的理解等。后来问我期望薪资，因为有朋友跟我说了去年薪资做参考，我就说"1万2到1万4千元"，然后她问："最高1万4千元吗？"

经验：后来跟一个资深的 HR 朋友聊，他建议我最好不要说工资上限，这就是给自己挖坑，因为公司想给你高薪也不可能了，所以大家以后一定要谨记。

就这样京东的所有面试流程完美结束，至此京东成了我秋招拿到的第一个 offer。

2.7 秋招拿到腾讯 offer 的流程及感悟

面完了京东，我还参加了腾讯的面试。腾讯在产品经理界绝对是神一样的存在，当年在正常校招外腾讯新增了"产品培训生"一项，并声明产品培训生面试失败不影响后续校招。基于这个原因，该岗位的简历投递非常火爆，第一面群面就是腾讯刷掉大量候选者的重要方法。

也是在那时我陆续加了好多产品应届生群，其中有一个群中有人提出要组织一个模拟群面，方便大家交流想法消除紧张感。我一听这想法真是棒极了，也深深感觉到自己为校招准备太少了，**这帮人是为成功找方法的一群人，我希望能够结识他们**，所以果断报名参加了。去之前我就想好了是来学习的，少说话少表现。

模拟群面的题目是：设计一款校园 O2O 方向的 App 并阐述。首先进行自我介绍，然后每个人思考 3～5 分钟后按顺序陈述自己的想法。

在陈述阶段有人提到要做打印店方面的业务，有旅游相关的，有查询自习室相关的，等等。我提出的想法是把留学生或者英语好的学生与想学英语口语的学生进行对接，实现口语练习生活场景化。因为当时学生学习英语最主要的途径还是去类似于新东方等辅导机构，缺点是不能随时随地而且费用高昂，如果能高效利用大学高校内的留学生资源，不仅能够学习到纯正的英语而且可以降低学习成本，最主要的是可以在自己的生活场景中练习，这是最棒的。

既然想法五花八门，只能投票选择了。我的想法以 5 票的巨大优势获选，左手边的哥们说"你赢了"，我说"我们是一个团队，没有谁赢这么一说"。**大家要记住群面是"团队战"而不是"个人战"！**

下面的工作就是不断地完善我的想法，包括我们产品的名字是什么，目标人群是什么，解决了目标人群的哪些痛点，核心功能有哪些，如何运营，前 1—3 个版本分别做哪些功能等，大家展开了非常激烈的讨论。

这次的模拟群面给我的影响应该是自信心的提升，虽然是一次模拟面试，但是也算是我参加的第一场群面了。此后我喜欢上了群面，喜欢这种无拘无束侃侃而谈的感觉，喜欢这种既要照顾别人说话的权利又要考虑面试官的感受，同时还要想如何确立自己的领袖位置，此后校招的每一场群面我都很顺利地通过了。其实每一次群面我都没有刻意地去抢领导者的角色，基本都是我的想法慢慢地被大家接受，然后我有更多发言的机会，自然而然地得到大家的信任。当大家认同你的部署，第一次点下头的时候，潜意识中已经开始把你当作领导者了，而领导者这个角色在群面中如果发挥得好，面试通过率非常高。

当产品培训生群面结果通知发放完毕之后，我"落榜"了，认识的朋友里边只有一个人收到了，可见竞争之激烈。但是我决定去"霸面"一下，不然我一定会后悔的。当电梯门打开的那一刻满眼都是来霸面的人，保安旁边的小桌上也摆了厚厚的简历，并明确表示不让霸面。虽然这么说，但依然打退不了大家的热情，因为大家都太想进腾讯了。

等了七八个小时，在快下班的时候，负责校招的 HR 出来跟大家讲了一堆理由，结果是不能霸面，这样大家才死心，我人生中的第一次霸面结束了。从这件事上能够看出**公司还是强势的一方**。

产品培训生的招聘流程结束以后，我开始积极地准备腾讯正式校招。笔试轻松通过，发放性格测试通知的时候还是小小地激动了一把，因为好多人笔试没过，但没想到自己最后却没有通过性格测试。

我以为就这样与腾讯擦肩而过，谁知道命运又跟我开了个小小的玩笑。一个朋友顺利地通过了笔试以及性格测试，当他去面试的时候帮我带了一份简历放到简历池里，看看有没有被捞的机会。谁知道中午的时候我收到短信说让我去面试，我的简历被某一位面试官相中，并且说三点半面试，一点商量的余地都没有，我稍微平复了一下心情就抓紧赶过去了。

在通知台，我看到总共有三份简历被我的面试官挑中，这个概率也是挺小的，感谢面试官重新燃起了我的斗志。不管结果怎样，此次的腾讯校招让我印象深刻，我是少有的没有通过腾讯群面的惨烈竞争直接进入一面的人，如果最后能拿到 offer 那就太牛了。

我进去的时候，看到一个女面试官正在整理一摞简历，我猜我是她今天最后要面试的一个了。开场我就说："面试官您要是累了就喝口水歇一会儿，咱们晚点开始。"她勉强挤出了一丝笑容，说："没事，你也大老远跑过来，咱们开始吧。"能感觉到她是真的很累了。后来我自己当面试官时才真正体会到，面试特别是校招面试，真是个体力活。

于是，我就开始自我介绍，简单说了自己为什么适合做产品经理以及为什么想要进腾讯。她没有针对自我介绍刁难我，因为我的逻辑特别清晰。

下面就开始针对简历的内容提问了，主要还是深挖了我的"丘比特之剑"这个项目。然后我就详细说了自己为什么要做这个项目，用户使用场景是什么，我是如何通过用户调研来验证需求的，用户的核心需求是什么，以及我是如何做产品设计的，等等。聊了好久，对于这段经历的回答，我自己还是比较满意的，感觉她也被我说服了。

后来她问我平时有什么爱好，我说平时喜欢打球、看书、滑雪，上下班在公交车上喜欢刷知乎。她紧接着就问我知乎有什么做得不好的地方，说实话真的没认真考虑过这个问题，一时间有点慌，本来是为了表现自己爱学习，随口说的，没想到给自己挖了一个大坑。

但这时候我强迫自己平静下心情，对面试官说："这个问题我还真没认真想过，能给我三分钟的时间整理下思路吗？"她礼貌地点点头。后来我是从内容生产者和内容消费者的角度简单说了下思路，重点提到了知乎回答的排序规则，对新的内容生产者并不友好的问题，可能会影响这些人的积极性，感觉自己回答得不算完美。

最后一个问题是问我百度地图和高德地图的差别，对这个问题我事先也没有准备。简单地按照导航前（目的地检索）、导航中（路径规划、语音播报、到站提醒）等方面简单做了一个对比，感觉自己思路还算清晰。

最后才得知她是腾讯地图的，如果入职的话也会去腾讯地图，而且很可能她就是我以后的领导。因为当天对自己整体表现感觉一般，不太确定会不会进入下一面，所以自由提问环节我问了一个特别心虚的问题："今天我的表现如何？能不能进入下一面？"她的答案是不方便回答。

从大厦走出来，不管结果如何，我已经释怀了。自己经历了这么多，准备了这么多，不管如何都会有所成长。所以面试完了我就没管这事，该干吗干吗。

大概 10 天后，我竟然接到了腾讯 HR 的电话面试，面完之后开始谈 offer，我一度以为是骗子，因为正常流程还有好几轮面试。后来 HR 解释说业务领导对我的能力比较认可，所以流程不太一样。

现在回想这真是一次跌宕起伏的面试，没有通过性格测试，没有参加群面，简历被面试官从海量简历中捞起来，最后还拿到了 offer，一切都很梦幻。

2.8　秋招拿到百度 offer 的流程及感悟

接下来我再分享下百度面试的经历，整体来说百度的校招结束时间是非常晚的。我是 9 月初就在百度官网投递简历了，但是直到 10 月 22 日才收到百度 HR 邮件，通知 24 日下午 5 点进行首轮面试。

在 HR 的引导下来到会议室，在选择座位时我选择了距离面试官最近的位置，并且在此后所有的群面中我都尽量选择这个位置。这么选择有两个好处：第一可以更好地听清楚面试官说的话，面试官有什么事情需要帮忙时想到的第一个人也一定是我；第二在求职者的思维定式中，坐在我这个位置的人开会时是需要第一个发言的，所以在群面最开始时有助于我主动争取领导者角色或者计时者角色，让我在整场群面中占据主动权。

面试题目是归纳医院就医过程中的痛点，并开发一款产品解决这个问题。对这个问题我真不了解，所以我的策略是争取当计时者，展示自己的时间规划能力，所以面试之前我就把手机放到桌子上，调成静音。自我介绍之后面试正式开始，我首先发言安排讨论时间问题，大家一致同意，没有人挑战我。

然后大家轮流发言，我简单说了下自己的想法，主要有排号、就医流程查询、院内地图导航等。由于人数比较多，一圈下来已经超出时间预算了，所以我紧急组织大家进入自由讨论环节。讨论过程真的很热烈，我几乎都是在听别人讲，头晃来晃去看向不同的人，在合适的时间跳出来总结一下然后对一些好的想法给予肯定，慢慢地我发现虽然我不能提供很好的想法，但是大家发表意见的时候都是眼睛看着我在说。那一刻我知道虽然我没有刻意地去争取领导者角色，但我已经成为名副其实的领导者。在决定总结发言人的时候，我深知以退为进的道理，所以主动把总结权给了对面的女生，她也确实不负众望总结得很到位。面试结束后 HR 让回去等消息，刚出大厦没多久我就接到了 HR 的电话，通知下一次的面试时间。说实话没有太多的惊喜，都在预料之中。10 个人中只有我跟总结发言的女生收到了通知，不知道面试官是不是只以此为标准。

一面的面试官是一位女面试官，全程主要是问简历上的项目。最后她问我手机百度有什么缺点，给提点建议。我当时提了两点建议，一是搜索速度提升的问题，二是跟百度系其他产品账号打通的问题。后来我问她如果能应聘成功会在什么部门，她说这个需要看领导的意思。

二面是一位男面试官，很成熟老到的样子。说实话这次面试出奇的顺利，也许这就是所谓的缘分。这是一位不按常理出牌的面试官，几乎没问简历，就是纯聊天，连自我介绍都没有。

当时我们聊到滴滴打车转型为滴滴出行，他顺势提出百度地图的问题，我说："百度地图转战 O2O 最大的问题在于改变用户认知的问题，地图给人的感觉依然是一个工具，不能让人联想到生活服务。首先像滴滴那样，更改自己的 Logo，名字改为百度生活。其次，在导航场景不干扰用户的情况下引导用户，譬如说当用户开车到达一个目的地之后，正好是中午 12 点的午饭时间，这时候在终点位置弹出提醒框说要不要中午就餐，附近有肯德基，最近有优惠活动等。

通过这种形式不断强化用户对百度地图生活服务的认知"。他听完之后很赞赏，还夸奖我有潜质。

在跟面试官沟通的过程中，他的很多话对我非常有启发，从内心里我很喜欢这个面试官，也感觉他能力很强。当时我就在想要是能进百度在他的麾下工作，也是难得的机遇。这场面试大概持续了半个小时，是我秋招所有面试中时间最短的一次，虽然时间短，但是这个面试官已经给我很明确的信号能够顺利进入下一关了，所以走出面试间的那一刻我很自信。

最后一面时间定在 11 月初，这次是领导面，面试官是整个手机百度的产品总监，职位还是挺高的。首先自我介绍，中途被打断，感觉出师不利。然后针对一些经历问题展开提问，后来同样问到我手机百度缺点的问题，我几乎用一面时同样的答案，但这次得到了面试官的否定，这时候我心态有点崩溃，我不知道是自己真的能力不行，还是面试官故意施压。后来又问到我自己的缺点，我说"严于律己。同样也严于律人"，他说这不是缺点更像是优点，这也是我第一次在这个问题上遇到刁难。

我想了一会儿，又说自己产品知识面较为匮乏，自己身处工科氛围浓厚的学校，互联网讨论的氛围薄弱，导致自己有什么互联网问题都没人讨论，但面试官说我在刻意回避问题。

最后，终于轮到我提问的时候，我想扳回一局，所以主动说了在地图导航场景中加入商家推送的功能，也就是二面中得到面试官肯定的那个问题，问他关于这个问题的看法。结果我得到的答案是这么做干扰用户，有点强迫的意味，并不是一个很好的方案。然后他说，由于是终面可以多聊一会儿，我理解这是一个善意的信号，但是说实话到这时候我的心情已经快接近冰点，全程被打压，被否定。我已经没有再问下去的心情，不过还是问了下名额问题，他说："名额没有限制，我们要招的全是精英，只要有能力我们都会要。"当走出会议室的那一刻，说实话我很沮丧，对于这场面试不抱任何希望。想想自己一路走来披荆斩棘，通过了笔试，通过了群面，顺利通过了一面二面，一路走来都还算顺利，结果领导面却异常艰难。

等我在全力准备其他公司面试的时候，突然接到了百度 HR 的电话，说恭喜我通过了所有的面试。那一刻我还挺意外的，也让我非常确定：当时的领导面就是压力面试。所以有时候面试过程中自己不断被否定，不一定真的是自己能力不行，很有可能是面试官有意为之的压力面试。出现这种情况的时候一定不要慌，依然要镇定地好好思考和回答，说不定结果是好的。

2.9 经验小结

对于应届毕业生求职产品经理，有几个很重要的经验需要跟大家分享：

（1）一定要至少提前一年开始准备，因为学校里没有产品经理这个专业，所有想要求职这个岗位的人都算转行，准备越早越占优势。

（2）想要求职产品经理，一定要有产品项目经验。经验的获得主要有两个渠道：一个是通过实习，跟公司的导师学习；一个是跟有经验的产品大牛学习。

（3）在准备群面的时候，一定要提前组织人模拟群面。一来可以让你熟悉群面流程，二来可以让你消除面试紧张感。

（4）一定要提前准备面试高频问题的答案。有些问题在面试中出现的频次非常高，为了避免面试中临场发挥导致答案质量不高，提前准备好逻辑严谨的答案无疑会极大提高面试成功率。

我的角色	工作年限	关键人生事件	通关锦囊
产品经理	第1~2年	职业发展踩坑	从内到外跟着性格优势选择职业

主人公：Kevin

第3章 发现自己的内核

3.1 专注你的"战略层"做职业发展

回看我的工作经历，最大感悟就是：每个职业都伴随着不同的职业技能，以及对应所需要的性格。很多人总是担心自己选择错了人生就踩坑了。相信很多人都有这样类似想法，并因为世界观和自身理解的限制，让自己陷入迷茫之中。其实在我看来最好的选择，就是遵从自己内心的诉求，勇敢去做自己喜欢的工作。

我记得在《梁宁产品思维30讲》中，梁宁提及了《用户体验要素》核心框架，分别是在战略存在层、能力层、资源结构层、角色框架层和感知层这5个框架上和人解释相对应的观点。人的目标和理想，对应的是其中的战略存在层，即这个人想成为什么样的人，实际上是这个人的战略，最终将影响表现层的展现。

因此第一份职业，可以是战略框架层的第一次驱动，我们在第一份工作里所认识的同事、领导以及学会的技能，会影响你的三观；所积累的工作经验会影响你的职业发展；所积累的同事与人脉资源，会影响自己的视野。

所以当你没有足够的见识的时候，这只是在能力层、资源结构层上有限制，但要想成为一个什么样的人是你从小到大不同年龄段性格的组合，这是写在你内核上的，难以改变。

在我即将毕业的时候，看到大多数计算机专业毕业的同学，要么去一线城市找一个高薪的工作，要么干脆回家找一个离家近一些的工作。而我当初却想着做什么样的工作才能够让人生变得更有意义？这是我内心的核心诉求：让自己能去做有价值的事，保持不断成长。我坚信只要我坚持下去，钱什么的自然会来到。

2015 年产品经理这一岗位开始爆火，市面上各类产品经理、运营的公众号拔地而起，很多前辈开始在这上面输出自己的工作沉淀和总结。

基于此我才知道互联网行业里面原来还有运营、产品这类职位，当我在美国的出租公寓里，看到房东厨房的桌子上有一本《时代》周刊，是 2011 年出版的，上面写着"最伟大的产品经理乔布斯"。那个时候我才知道这位将 iPhone 带到世界上的人，其职业原来是产品经理，他执着于用户体验、追求极致的产品，才成就了 iPhone。

史蒂夫·乔布斯这个名字，造就了产品经理们的职业梦想。2015 年很多人选择做产品经理，就是因为从事这个职业可以改变世界，或者当老板。

选择产品经理，意味着你喜欢沟通，喜欢充满挑战的生活，喜欢创造产品，甚至是成为未来的 CEO，这一切与我的内心的核心诉求不谋而合，正因为如此我毅然决然选择了产品经理这一岗位。

我坚信在自己世界观不够宏大的时候，跟随内心的战略层，至少不会走错。

3.2 步入产品经理：职业发展踩坑

我们无法预测现在做的事情对以后有什么影响，但是点滴的坚持和勇气，总会把你的未来勾画出来。所以不要轻易觉得现在的工作没意义，只要你花了时间和精力学习的技能，未来总会派上用场。

毕业回国后，我开始一头扎进找产品经理工作的进程中。计算机专业毕业的我为了更快转型产品经理，在没有经验的情况下，我的第一份工作选择从运营开始。

步入产品经理前，如果没有一点从业经验，很容易选错"产品岗位"，因此我能做的就是不断试错，在新工作里找到正确的产品经理职业方向。

比如我曾做过 App 地推，我以为这是运营的工作，但实际上走错方向了。具体来说，那个时候移动互联网还处于增量时代，各大公司都会花钱在线下推广 App，你经常会看到核心地段有人通过扫码送礼的方式让你下载 App。注册新用户所需要绑定的银行卡、身份证等信息越多，礼品往往会越贵重。

但实际上这不是产品经理的工作,更不是我认为的能转型成为产品经理的运营工作,所以没过多久我就选择了辞职。

这一次我直接去准备产品经理面试,为了能转型成为产品经理,我开始每天给自己定任务去学习相关书籍与资料,并开始主动练习绘制原形图和功能脑图。在我不懈地努力下,终于有一家公司认可了我的自学内容,我成功成为了一名产品经理。

在成为产品经理后,我并没有停滞学习,继续积累产品经理工作中的各种素材和模板,第一是让自己知道任务怎么解决,第二是提高自己的效率,第三是吸收这类模板的精华,再变成自己的模板。

我们永远不知道自己的明天会发生什么事,但是你要能去塑造你的明天,比如我当初在美国上学时自学代码、自学设计,毫无疑问这些技能都为日后我成为产品经理提供了巨大助力。就像现在,我在和开发人员沟通的时候,我可以很清楚地区分出哪些是数据字段、哪些是接口,这都是我之前学习所带来的,虽然我自己不能写代码,但是至少提升了我做产品设计的综合能力。

3.3 各行各业转型产品经理

1) 从销售转型产品经理

因为销售处于业务一线,是以利润驱动工作成绩,同时也在不断获得客户需求和用户需求,这对未来成为产品经理、把握商业模式是一个优势。

事实上营收是产品设计的关键,要是这个产品一开始就没有办法营收,那只能烧光团队的资金,走进死胡同。做过销售转型产品经理,实际上会对产品的价值要求更高,不会轻易把产品研发放在没有收入的功能模块上。

2）从运营转型产品经理

运营职位包括活动运营、内容运营、用户运营、产品运营、直播运营等。每一篇帖子、每举办一次活动、每一个微信群，运营目的都是为了提高转化率和吸引新用户流入。

而不管哪一类运营，都需要构建用户的路径，这个路径不是产品的功能路径，而是用户实际操作过程中，需要点击和访问的每个步骤页面或按钮，这一点产品经理也会在工作中使用。下图是根据重要程度对用户行为进行的分类。

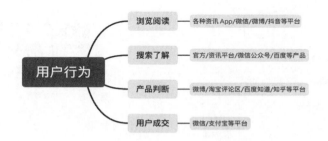

下图是运营工作里设计的活动路径，做运营增长的同学对此非常熟悉——提前搞清楚用户的路径分支，洞察用户参与活动的出口和入口，提前给用户以引导。

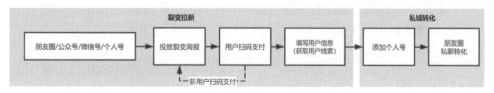

好的运营会通过构建活动路径，抓住用户的核心路径（必须访问的路径），让用户从起点走到最后并转化。这就像产品经理做 MVP，在第一个版本下是满足用户核心需求的功能。（MVP 是 Minimum Viable Product 的缩写，即最简可行化分析，这个概念听起来复杂，不过你可以把它想象成是一部电影的剧情大纲，或是一部漫画的角色介绍。）

所以抛开职位名称，运营之所以转型产品经理更容易，就是因为以上类似的工作内容催生的类似的技能和思考方式。下图是产品核心模块拆解，其实这个拆解方法是可以在运营的活动、内容、社群里通用的。

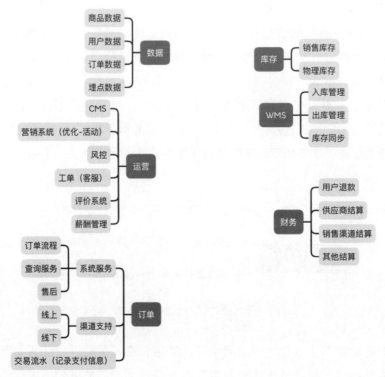

运营与产品经理底层的思考逻辑是相似的，好的运营把每一次的活动、内容当作产品来做，就是一个产品经理了。

3）从设计转型产品经理

早期互联网公司的设计师就充当了产品经理的角色，但随着移动互联网诞生，对设计的要求更加精细化，还要考虑用户的交互、行为，提升转化率和用户留存，因此为了获得更好的数据，专注需求转化的同学转化为产品经理，而专注色彩和界面设计的则成为设计师。

设计师分为交互设计师、UI设计师、平面设计师等，但无论哪类设计师，都需要和产品经理通过不断的调研获得大量用户的使用习惯。

设计师与产品经理的工作十分紧密，用做菜举例，很多时候产品经理会把用什么食材和做菜的顺序搞定，装盘和客户的好评收集就交给设计师了。

综上，如果说产品经理是理解并梳理业务需求的那批人，那设计师就是如何把需求用图形化的方式描述出来的那批人。

4）从开发转型产品经理

产品经理因为和用户太近了，过于感性，而开发需要利用现实世界中的数学、物理规律，更加理性。

当我们的产品设计方案太过于空，就很难落地，成本也非常高。所以有开发经验的人转型产品经理就十分容易，他能很清楚地评估出落地的可行性，但是在转型过程中要多考虑用户和市场价值，而不能因为技术实现过于麻烦就拒绝这类用户需求。

很多时候过于感性的产品经理看到某竞品有了灵感，就准备马上启动开始做。但对能不能实现、背后的技术成本等就很难评估了。比如我曾策划过文章编辑器功能，起初认为只要在网上找个开源的编辑器就可以了，但实际上要想实现结合编辑器的交互效果和 UI 设计，开源是无法办到的。没有开发基础的产品经理做编辑器的技术调研就是一个感性的设计方案，最后就会导致项目难产，团队资源和时间也浪费了。

这里我整理了开发和产品经理各自关注的序列差异。

所以开发转型的产品经理会更加容易，因为相比代码和技术框架来说，原型工具的使用就显得容易多了，同时很容易判断技术可行性。但是对用户需求、交互以及设计这几个维度需要进行专项提升，并增加对商业模式的理解，就怕选择了一条技术路，却忘记了产品的本质是要产生收入的。

3.4 经验小结

（1）产品经理的职业知识是瞬息万变的，我们需要尊重自己的战略层，以此寻找职业方向，不要因为高薪和产品"明星"影响自己的方向。

（2）销售、运营、设计、开发转型产品经理的优势如下：

销售：善于抓住商业模式和做标准化产品。

运营：拥有和产品经理通用的工作方法。

设计：拥有和产品经理相同的思维能力。

开发：掌握产品研发的技术本质，能更容易做出可以实现的产品设计方案。

主人公：赵老师

我的角色	工作年限	关键事件	通关锦囊
药物研发工程师	第 0 年	辞职转行	种一棵树最好是十年前，其次是现在
产品学徒	第 0.5 年	从 0 到 1 学习产品知识技能	把工作当作信仰

第 4 章　产品学徒的故事

每个人初入行业的故事都不尽相同，这里和大家分享下我是怎么从药物研究院辞职，并一步步走进产品经理队伍的。

4.1　从药物研究院辞职

研究生毕业后，我在一家药物研究院上班。

您可能会觉得药物研发很挣钱，很高深。事实上是高深，但是想出成果很难。因为药物研发的周期很长，新药研发平均周期为 20 年，这意味着从业者要有一种做科研的心态，耐得住寂寞。其毕生的最大成就，可能就是参与了一两个新药问世。然而能取得这样成就的人也是凤毛麟角的。比如我的一个老师七八十岁了，也只是主导研发了一个三类新药，这已经在学院传为佳话。如此可见，大部分人只是在做"试验"的过程中度过的。

随着在药物研究院工作的日子拉长，我更加感到了这一传统行业的低效率，每天的工作几乎是一样的。尽管我对药学知识依旧热爱，但是我希望有可能的话，尽量换一种节奏更快、信息密度更大、更容易出成果的工作，而不是一直在摸索的路上低速前进。

药物研究院实验室场景

尽管我转行的意愿变得强烈，但还是不了解外面的情况。因为找不到方向，我在工作之余开始出现焦虑情绪，并养成了熬夜打游戏等不良生活方式。好在这种状态没有一直持续下去，庆幸自己在某个时间点意识觉醒，成为了行动派，开始探索其他行业真实的工作情景、待遇，评估自己的适应性。

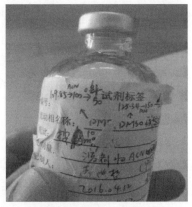

我配置的一瓶混合有机溶剂

经验：我搜索其他行业是否适合自己的途径主要是看知乎、行行查等网站，衡量的标准主要是个人收入与辛苦程度是否相匹配，自己愿不愿意为这个工作倾注心血。

在三百六十行中，我决定先找与本专业相关的，经过一番分析下来，我发现除了药物检验、药物研发之外，我还能做学术专员（就是以前的医药代表）、临床检监察员（驻扎在医院做药理试验的）、药品行政职务（药监局）、执业药师等。于是我就从这几个职业入手，对这几个职业都做了功课，判断这份工作适不适合我。在经过一番研究后，我发现这些岗位还是换汤不换药，并不能达到自己的预期，于是我最终放弃了自己的本专业，开始关注专业之外的圈子。

接着我就将自己的目光锁定在了互联网和金融这两个行业，这两个行业对自己来说是全新的领域，也是公认的热门行业。

经验：关于"热门"这个词语，相信大家在高考报志愿期间就没少听到。有人说"眼前热门，将来就凉了"。这句话宏观看不假，但是具体到个体而言，依然要拥抱热门事物，因为不把握现在，往往就没有将来。

由于我对金融经济不感兴趣，同时结合自己喜欢设计和文学作品的性格，再加上医药＋互联网似乎也很有前途，于是我最终确定了进入互联网行业。

在确定了行业后，接下来要面对的就是如何在互联网行业找到适合自己的细分岗位，是内容运营、产品经理、PHP 开发、UI 设计还是其他的岗位？结合我自己的性格分析，我觉得产品经理岗位可能更适合我，其次是内容运营，因为二者可以让我发挥创意，并用上我曾经学习过的设计知识。既不会那么枯燥，又容易出成果，且这个岗位对思维、综合能力的要求较高。

当然，思考的过程很漫长，远远不是这么简单，毕竟我来自农村贫困地区，对自己的教育沉没资本看得很重。当初我大学毕业从农学跨专业考研，就有很多人表示不理解，现在再放弃与研究生学历对口的领域从事一个不要求学历的行业，势必会压力很大。我当时还不熟悉 SWOT、决策树、统计数据等，但是我仍旧用最原始的方法推演了很多遍。

听到这个消息后，我的同学过来劝我："转行？那之前就白学了，你发的论文也没用处了。"

我说："就当是给自己三个月的旅行，若我不适合，三个月后扭头就回来。"

经验：我将这次辞职决策视为一次"旅行"，实际上是为了给自己减压，也是给自己的决策买了一个保险，从而不再将其定义为冒险，而是探索。试想别人辞职出去旅游，而我去体验另一种工作，若成功则继续前进，若失败则重操旧业。后来我知道这种决策被称为双向门型决策，即一旦有退路，那么可以大胆前行，就像双向门一样，不至于一头扎进死胡同。

双向门示意图

所有类似的决策，你一定要找到自己的风险阈值，然后预估最坏的结果，只要最坏的结果还在承受阈值之内，那么就可以大胆去试。

我想起一个朋友说的话，他说人之所以多年过去仍旧一成不变，主要原因三，一是遇不到改变自己的环境，二是遇不到改变自己的人，三是遇不到另一个自己。遇到的环境没有给予足以跃迁的阈值刺激，遇到的人没有"踹你一脚"的角色，遇到的自己想太多但行动太少。如今想来，我很庆幸辞职，才有了后面的改变和重塑的契机。

4.2 奇怪的面试过程

辞职后，我开始在网上投简历，主要是前程无忧和智联招聘这两个比较传统的网站（因为我当时还在传统行业圈子里），职位定位就是产品助理或实习生。

我当时基本没有适应产品经理岗位的任何技能（没参加过培训、不会画原型、不会画脑图，更不会 PS）。我在简历中提到自己曾参加过书画大赛、获得过冰心文学奖等，其实只想表达一个信息，那就是在产品设计方面我是可培养的。

值得庆幸的是，简历投出去的两周里，还真有几家公司叫我去面试。如今想来那还是互联网繁荣的年代，所以整个市场接纳新人的门槛不太高。

到第一家公司面试，面试官是两个女员工，一个是前台一个是行政，事后大概能想象，可能她们公司的领导说，外面有个外行想做产品，你们俩去试试他，要是不沾边就打发他走。她俩出了题：针对淘宝购物能想到什么，用脑图画出来。

我心想这个问题很简单啊，但是我拿着纸和笔，纠结半天没画出来，因为我当时还没有任何方法论模型，也不知道围绕什么主题，更不知道范围和边界，这对一个做科研的，往往是工作方向明确的人来说，是两种不同的思路，最后只能在尴尬中悻悻而去。今天再回顾，我的感受是一个行业的门槛再低，往往也有它的行业技巧、工作定式、思维习惯，完全没有准备地前往，任何一个简单的问题都会绊倒你。

在另一家公司的面试中，面试官是一个年轻人，坐在办公桌前一副趾高气扬的样子，言语之间有种改变世界的自负。他讲完开场白后，直接就说看我微博写得不错，是否能做运营。当时的我还不太懂运营是否有什么前途，所以说回去想想……我们留了手机号，但是这种情况下自然没有下文。

还有一家公司看了我的简历，嫌我学历高、年纪大、学习慢、不好带。

最后，也就是记忆中那个难忘的下午，我去深圳福田区的一家互联网公司面试，这是一家做外包产品的公司。这次我特意打印了自己以前的文章、画作、演讲剧本等，算是"作品"。

初面我的是产品总监（即后来的"孔老师"）。他看看我，再翻翻我打印的"作品"，大概是基于一份尊重和好奇，也没问什么，让我等一下，他去叫老板。过一会儿，老板来了。他没看我的打印的资料，只是问了问我从研究生转做产品经理基础工作的原因。我说自己有兴趣，有基本素质，不愿意蹉跎岁月。听完后他看看我，想了一会儿答应了，月薪是 4K。

就这样，我上岗了。

4.3 产品学徒的辛酸和进步

我在深圳的罗湖区城中村租了一楼一个狭小的单间，放下床之后就剩下一条能过人的走道。我买了一辆自行车，在公司到住处之间骑着车子，就这样开始了新工作。

在新的工作环境中，我把做药物时"看家"的液相色谱、气相色谱、质谱、核磁共振、分离提纯的知识和技术放在一边，投身到新内容的学习中。

Axure、X-mind、Visio、PS 是基础操作；需求分析、用户画像、流程梳理、竞品分析是基本技能；沟通表达、跨部门协作、项目推进、业务调研是立身必备；思考规划、归纳梳理、输出演示、讨论分享是日常工作。

我平时有记笔记的习惯，就去记录每一个疑问点，有空就去查资料，一点点触碰着互联网世界的新内容。

大约两周后我上手了，接着就开始接手一个紧急项目，我用 2 个晚上做完了一个外包 App 的原型（当然逻辑什么都处理得很差）。这也是我第一次加班赶进度，感受到了互联网行业急促跳动的脉搏。那时画图还不熟练，做原型到凌晨三点，尽管我脊背发疼，十分疲劳，但新鲜刺激，未曾想过退缩。

现在想来，入行前通过网络或他人的只言片语窥探产品经理这个职位的时候，并没有真正了解到行业的真谛。而真正坐在电脑前，才冷暖自知。

三个月的试用期，我以从未有过的卖力状态去工作和学习。虽然辛苦，也会焦虑，但这是为追求更好而辛苦，为产出而焦虑。虽然我还是常常"碰壁"，但是看得到希望——"山有小口，仿佛若有光"。

后来，老板让我兼顾运营部门的内容创作。这期间了解了各种推广渠道、媒体投放等运营方面的知识。虽是皮毛，但在互联网这个地图上，"迷雾"又散开了很多，我的视野更加开阔了。

值得窃喜和庆幸的是，三个月的"旅行"结束了，我仍旧痛并快乐着。然而不幸的是，在第四个月，公司因为资金问题，决定除了骨干，其余员工都要裁掉。

苦闷一阵子之后，我有点想通了，这都是我自己选择的。第一，这是我需要面对的互联网公司的常态；第二，我要重新找工作；第三，在过去的三四个月中我成长了，这就足够了；第四，我要把这份锐意进取的精神状态继续保持下去，有所为有所不为。

4.4 经验小结

到这里，基本就介绍完了我的产品学徒生涯了。里面有成长也有辛酸，有人会觉得不值得，但是只有我自己知道，这是当时的最优解。

1）将改变落到实处

回首自己这些年，似乎做得最具代表性的事情就是"改变"。

地域的改变：我老家是河南的，大学本科在东北读的，硕士研究生在杭州读的，工作在天津、深圳。

专业的改变：大学专业是转基因育种，跨专业考研考了药学，工作之后又从药物研发转行做互联网产品。

思想的改变：最开始以为自己只适合待在安稳的北方小城市，或者实验室，但是到了互联网行业才发现，其实自己能以更加自信的方式，将自己长期积累的知识，甚至医药专业知识整合运用到互联网领域，创造更大的价值。

而其中对我影响最大的，就是从传统领域转行到互联网产品岗这件事。这为我的认知、视野、自信心、事业感的提升创造了可能和条件。

所以至此，很庆幸自己当年在萌生"改变行业"的念头时，没有因为担心年纪大、心疼沉没成本犹豫不决，在年复一年中蹉跎最有创造力的时光，耽误"种一棵树"的最佳时间。

2）转行要趁早

一般情况，遇到转行之类的大事，我们的现状往往是不上不下，饿不死也富不了。累的时候懒得折腾，心血来潮时坐立不安。有了念头你就会纠结：新的行业你不了解，旧的行业积淀是一种浪费。

这里要跟大家说几点体会：①沉没成本不是资本。以前读书读很多，或者在一个领域耕耘很久了，你觉得丢掉浪费，但兴许跨界之后发现是互通的。②犹豫不决是人生的大敌。信息爆炸的时代，差一天就可能错千里。③破釜沉舟的精神在这个时代真的很重要。大家越来越浮躁了，什么时候都想找捷径。但是有很多事情，其实一个"干"字就是最好的捷径。当你觉得一件事势在必行，并愿意为此承担后果的时候，你要做的就是心无旁骛地把这个事情干成，带着信仰，不要再去担心万一。

3）身体力行，做好功课

做任何事都要做好功课，以转行为例，要有以下准备。

（1）转行前的调研要全面。网上搜出的答案，太久的没有太大参考价值。另外，你最好到工作场所自己去感受下，我第一眼看到码农的工作氛围是既好奇又担忧的，这时候你不妨坐一天试试，或者打电话问问你的朋友了解一下真实的工作情景。

（2）防止左右摇摆。有志之人立长志，无志之人常立志。为了防止反复摇摆，可以采取的办法就是在你冷静的时候找到自己转行的根本原因，是为了钱、兴趣还是为了别的。然后将你找到的最有鼓舞性的论据打印出来放在案头，时刻看一看，鼓舞你前进。

（3）多方自荐，广投简历。在临门一脚的时候，全力以赴，并且带着自己关于职位的作品，让对方评估到你真的是会有预期的产出的。当你真诚相待的时候，世界也不会辜负你。

（4）一旦入行，放低身份，加快速度学习。中间遇到问题也不要怀疑。

主人公：三爷

我的角色	工作年限	关键事件	通关锦囊
学生	第 0 年	校招面试	制作产品 DEMO
产品助理	第 1 年	学徒学习之路	下班后自学之路

第 5 章　从学生直接迈入产品经理岗位

5.1　我为什么选择了产品经理

一转眼已经从事产品工作有 10 余年了，现在回想起当年选择从事产品经理工作，其中还真经历了一番曲折。

大学我学的是计算机专业，到现在我都还记得当时之所以选择计算机专业，就是因为在那个时候智能机与超级英雄电影开始在社会上流行起来，当时的自己也不例外被这些事物所吸引。于是在大学选择专业时，我就毅然决然地选择了计算机专业，希望能去实现这些儿时的梦想。

但是在刚进入计算机系不久，我却觉得自己像是同学中的一个异类，因为我发现我更喜欢的是思考问题以及设计方案。如果用做游戏来比喻的话，我更喜欢的是去设计游戏的故事背景与核心玩法，喜欢去设计一套全新的机制，而并非是真正坐在电脑前一行一行地去写数据库存储、人物模型的代码。

这一切显然与我们对计算机专业的认知是完全偏离的，在大家看来计算机就是编程，而计算机专业就是如何让编程更有效率。所以理所当然的，那时的我，在整个专业中就显得格格不入，甚至有点"坏学生"的味道。

直到临近毕业的时候，一位与我"同病相怜"的隔壁舍友，在某天找到工作后，开心地向我分享到，有一种工作就是去设计机制，而非去真正实现。也就是从那一刻起，我第一次知道了原来有一个叫产品经理的岗位，一个可以专注于想点子的工作。从那一刻起，我很清晰地告诉自己：我要成为一名产品经理！

所以，如果还在读书的你，也像当年的我那样喜欢想玩法、想点子、享受解决问题的快乐，那么就要恭喜你，你天生就是做产品经理的料！

5.2 第一次产品经理面试

我第一次参加产品经理面试是在 2 月份的春招，在面试前做了一次简单的自我审视后，我发现自己相比于很多参与面试的同龄人来说，是没有任何优势的，我没有实习经验，又错过了机会相对较多的秋招。

经验：企业的校园招聘从秋招就开始，如果秋招招满就不会再有春招。

面对这样的现状，我就开始想要怎么才能打动面试官录取自己呢？仔细分析下来，之所以有过产品实习经历的同学会容易受到企业青睐，本质是因为他们在实习期已经对整个产品经理的工作流程有了一定的认知，这个时候进入企业进行正式工作的话，不会有太长的适应时间，可以快速上手进入具体的工作，为企业带来效益。

想明白这一问题的关键后，就有了突破口，我只要能证明自己熟悉产品工作流程，有同样的经验即可。具体来说，我在面试的那段时间，提前准备制作了产品 Demo，在去现场的时候，将自己设计的"某 App 竞品体验报告"与"某 App 新用户注册 PRD"带给了面试官。虽然当时自己称之为 PRD，但是现在回想起来，其中内容真的很简单，只有几个页面原型图，甚至连点击交互都没有，然后附带一些流程图，以及简单的页面字段描述。

但到现在我还记得，在我向面试官展示了我的作品后，面试官看过对我很认真地说道："虽然作品很粗糙，但是相对于其他同期面试者来说，至少在态度与用心上你做得很不错，这一点我很欣赏你。"

可以说正是凭借这些个人作品，让当年的我成功拿到了第一份产品经理工作的 offer。

经验：事后再回看，我们要明白应届生去做产品是有天然优势的。除了大公司要这些应届生来更好地接纳企业文化外，更重要的就是因为应届生更懂时下的用户，所以这些应届产品人更多被分配的岗位是更贴近用户的岗位，相信大家很少听说过后台的如供应链系统、搜索、算法产品岗直接扔给应届学生的。

原有这个岗位上的产品人随着年龄增大，对于年轻人的那套体系感觉就越来越疏远，此时公司也就不得不招更多年轻人加入进来，帮助理解用户。

5.3 新人产品经理的快速学习

第一天进公司上班我还是蛮紧张的,因为毕竟没有产品实习经历,所以根本不知道在一家公司中产品经理真正的工作流程是什么样的。

用我当年自己开玩笑的话来说就是:"连产品经理进公司先迈哪只脚都不知道。"

不过好在公司有培养机制,对于我这种应届生,没有一开始就让我去干活,而是从整理会议纪要开始。

虽然在走上产品经理岗位前,我做了很多的学习工作,但是当我真正进入产品经理的日常工作时,我感觉还是与自己之前的想象完全不一样,也印证了"你知道和你会做并不是相同的一件事"这句话。

现在回想起来,刚入行成为产品经理的那段时间真的是非常痛苦的。每天都有同事在讨论一些你从未听说过的名词,诸如什么是DAU?什么是用户价值?如何提高用户留存?什么是渠道?什么是敏捷开发,等等。

可以说在入职后的那三个月每天所接触的东西,对我个人知识的深度与广度要求都是前所未有的。不过这也很容易理解,因为一个优秀的产品经理就是要比团队中的任何一个人都要更了解行业、了解用户,唯有这样才能设计出优秀的产品。

但是对当时的我来说,最难受的并不是每天要去学习新的知识,而是作为一个刚入行的产品新人,为了不被比自己大好几年的从事开发的同事看低,认为你这个产品经理不够专业,这些东西我无法也不敢向周围的同事请教,一切都只能靠自己去摸索。

所以我在每天下班之后都会对自己进行疯狂充电,也正是那段时间近乎残酷的历练,我逐渐找到了一个到现在都还在使用的应对新事物的学习方法:疯狂地在网上寻找有关产品经理的文章。

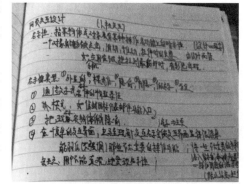

刚开始由于对产品经理这个职业不了解,感觉里面的任何东西都是新的知识。所以当时每天一下班我就打开一些产品资讯网站去从首页的第一篇文章开始阅读,一口气阅读10~15篇文章,

还将我觉得非常重要的文章挨个打印出来去做阅读笔记。就这样不到三个月的时间，光笔记居然都写满了两个笔记本。

可以说正是那段时间所积累的知识，让我对产品经理完成了认知上的扫盲，我也从理论上了解了什么是需求管理，如何将需求拆分成一个个功能。

那段时间我学会了对新事物的处理方法，之后每次在我遇到新事物时，我都会先在网上寻找一到两篇相关的案例类文章，通过这些实际案例去对这些概念做一个大体认知并建立起一个概念框架，然后再针对这些概念背后所涉及的相关知识去找对应的专业大部头的书去啃，从而逐一将框架内的空白处填满，这样就将一个新事物消化成自己的知识了。

经验：学习同事的专用术语体系，比如日活（DAU），这是在新环境中快速让大家觉得你专业，并可以融入环境的不二法门。

现在回看这段时间，自己的最大感受，就是像选修了一门新的课程，而在这门课程中，我个人所注重的是如何真正去做事而非做题，具体来说，每件事都要为其对应的商业价值负责。

5.4 经验小结

1）应届毕业生不建议去初创公司（这里指 20～30 人以内规模的）

从个人发展上，小公司不管是规章制度还是工作行为规范，都不可能和大公司相比较的。在小公司中更多的是只要求你完成工作任务就可以了，谁还管你什么工作习惯好不好。

最关键的还是，对于一些刚进入职场的新人来说，没有足够的时间去学习一些行业内的规范，为以后的工作打好基础。而几年后你的年纪渐长但产品设计流程规范却还是野路子，最后自己只能在一些小公司中跳来跳去，进入底层恶性循环。

2）产品经理入职新公司第一周行动指南

很多新入职的产品经理，不知道在第一周应如何快速适应岗位。在这里我为大家梳理了一个行动指南帮助大家快速熟悉工作。

Part1：第 1～2 天——周一、周二工作日志

工作 1：对外学习。

目的：了解公司的全面信息与自己岗位的定位。

途径：找领导交流。

原因：产品经理负责产品规划和设计，规划设计出的产品最后拍板的人是领导。

内容：

- 跟老板聊公司的目标，想要达成什么结果，做成什么样子；
- 聊公司的现状，公司目前现在处于什么状态，下一步主要怎么走；
- 聊公司的边界，公司在这个行业主要做什么，肯定不做什么。

明确这三点后你在以后产品设计的路上和需求相爱相杀时才能有明确的边界和方向。无规矩不成方圆。

工作 2：对内学习。

目的：理解团队目前的生产内容与技术人员组成。

途径：找技术团队交流。

原因：产品经理负责协调完成产品研发，协调的对象就是我们的技术团队，因此要去配合好研发，我们要做的就是要了解清楚我们的技术实力是怎么样的。

内容：

- 跟技术团队聊公司技术体系的架构，整个技术研发的流程；
- 跟技术团队聊产品线中技术人员的组成和各自所负责的区域；
- 跟技术团队聊产品的技术现状，技术方面对现有产品的期望。

明确这些以后，在协调研发产品的过程中才能知道每一件事情该去找谁负责，提高工作效率，减少沟通成本，做到有的放矢。

Part2：第 3～5 天——周三、周四、周五工作日志

摸清楚产品经理该做的和不该做的事。

①不该做的：

讲战略规划：刚入职请别谈规划，在你还没搞清楚业务前先收起你的大饼，千万别谈战略，不然你换来的只能是嘲笑。

缺乏主动性：刚入职切记别躲事情、推事情，什么活都要抢着去干，一是给团队留下好的印象，二是通过干活，能使我们更好地理解业务。

盲目对标：别人都能干，我们为什么不能？

②该做的：

产品研发流程：一般来说最基本的产品研发流程是需求确定、开发、测试验

收三个阶段,加上每个阶段的评审。但重点是每家公司都会有自己的一套流程,因此我们要做的就是去快速搞清楚这家公司的流程是什么,在不增加团队负担的前提下快速融入集体,毕竟你的加入是为了更好地帮助团队分担工作而不是增加额外负担。

KPI:关键绩效指标,可以理解为个人绩效,以月计数,作为一个刚来的新人,当然要搞清楚自己所在公司的价值导向,什么是这个岗位应该干的,什么是不能干的,搞清楚这个也能帮助我们快速通过试用期。

BRD、MRD、PRD:分别指商业、市场、产品需求文档。其中 BRD 面向对象为老板、投资人;MRD 面向对象为商务、运营、市场及投资人;PRD 面向对象为技术团队;我们入职后另一个着重点就是要学会这个公司的写作模板。

总结来说,作为一个入职新人,我们要做的就是快速积累产品能力和业务能力。

产品能力:在大部分公司都能够得到锻炼和成长,也基本上是通用的,包含了原型制作、需求分析、产品设计等,不同级别的产品经理在产品能力上要达到相应的要求。

业务能力:则是对业务的认知和理解能力以及团队的隐性要求,以及快速学习业务的能力。

可以说如果我们能在入职一家公司的初期搞定这些,那么就完全可以快速蜕变成一个能独立负责核心业务的老手。

第 2 篇　修炼之路

　　没有人与生俱来就是优秀的。每一名优秀的产品经理都是从初级开始做起的,在项目中不断地学习、受挫、磨炼,然后成长,在一次次的实战中,不断丰富和完善自己的技能,才能逐渐变得优秀起来。本篇给大家分享 5 位产品新人是如何从初生牛犊慢慢修炼为独当一面的产品经理的。

主人公：木笔

我的角色	工作年限	关键人生事件	通关锦囊
需求分析师	第 1 年	入职央企，担任需求分析师	自我评估，重新审视自我；心态的转变，空杯心态；自我学习提升
中级产品经理	第 2～3 年	①入职互联网大厂 ②协同项目的考验	接受更体系化的学习
高级产品经理	第 3～4 年	开放项目	从 0 到 1 的大型项目历练

第 6 章　破茧成蝶，让我成功入职互联网大厂

6.1　谁还不曾是个小弟

在北漂的第 30 天，我顺利入职超哥所在的央企，也完成了给自己设定的一个月之内找到工作的目标。

确定 offer 以后，我第一时间向超哥报喜，并咨询了入职后的工作方式。离报到入职还有十多天，可以提前准备一下。

超哥很高兴地为我解答："我们的主要工作是做需求分析，和我之前在凡客做产品经理的工作性质差不多，都是接到业务方反馈过来的需求，然后产出需求文档，拉开发和测试评审，然后开发，你来了和我一起做仓储系统，仓储业务这块是你的强项了，业务流程肯定没问题，主要是学一下怎么写需求。"

说起凡客，还有多少人记得曾经有一家非常有情怀的服装电商公司，叫凡客诚品？那是第一家红遍全国的服装电商，主打 80 后彰显青春自我的主题，时过境迁，从里面出来的人才，已深入到互联网的每一个角落，为其他公司的发展立下汗马功劳。

这么多年了，国内产品经理的迭代，仍然还是在最早期那帮人设定的框架里，除了一些工具的升级迭代，我们的流程、思维、系统设计并没有太大的变化。超哥在凡客学会了需求分析，我又跟着超哥学会了需求分析，后来我们又把各自的产品经验分享给后辈,如此一代一代地传承下去……

我在入职前两天把 Axure 原型工具熟悉了一遍,由于有开发基础,学起原型交互很轻松,以至在入职以后,我没有向任何人透露我之前没实操过,也没有人怀疑我,甚至还有开发称赞我的原型图画得真细致。

至于需求文档的编写,我原本以为就是把功能描述写到 Word 上,做好排版就行,事实上随着我慢慢地深入,才明白一份合格的需求文档不仅仅是文字和格式,而是一种产品思想的传达,我们的文档里藏着我们对业务的理解和对系统的规划,以及我们解决问题的思路,而文档格式只是最表层的东西。

经验:刚入行的产品经理,往往需要从两个方面提升自己:一是产品基础技能,比如原型工具、文档技能、流程图、PPT 等,这些技能通过大量的练习就可以很快提升到一个不错的水平;二是产品思想,比如系统规划和设计思想、对业务的理解力、抽象思维等,这些技能看不见摸不着,很容易被刚入门的产品经理们忽视,但只有这些才是产品水平的体现,无法速成,需要经过长期的实战才能慢慢领悟。奉劝新入门的产品经理们,在提升基础技能的同时,一定要多加修炼产品思想!

由于项目的特殊性,我们做的所有工作都属于保密项目,所有文件上都印有"机密"二字,我们给甲方的文件不能直接发送,也不能发邮件,只能用加密的光盘当面交付。你一定想不到,有时我们修改了一个 bug,改了几行代码,还需要刻录到光盘里,由公司派专车送到甲方当面交付,一个来回,就是半天时间。而我作为项目组里年龄最小、资历最浅的壮丁,自然成了光盘的最佳护卫者。

除了送光盘,领导还安排了一个体面的工作给我:各种会议的全职记录员,大小会议上,大家在前面侃侃而谈,最外围有个奋笔疾书记笔记的小伙,那就是我了。

你们看,这就是我入职后的常态化工作,大家都调侃我说这份工资挣得轻松,送个光盘,做做会议纪要就够了。只有我自己清楚,领导之所以安排我干这类工作,是因为这类工作没有价值但十分重要,所以最适合新人了,而我最大的价值就是帮前辈们承担起这些没有价值的事。

但在年纪轻轻最该奋斗的时光里,谁愿意一直干这类打杂的工作呢?慢慢地,小弟的角色定位就让我产生了心理上的不平衡,毕竟在上家公司里,我带领过 20 多人一起做项目呢!

6.2 技术的禁锢，不合格的产品人

打杂还是其次，最让我受挫的还是思维和做事方式的不适应。在上家公司里，我们都是身兼数职，自己负责的项目，自己既是项目经理，需要负责项目的整体进度，又是产品经理，负责和业务沟通方案，同时还是开发工程师，自己设计系统并完成开发，最后还是实施工程师，负责将系统交付给业务方，在这样的岗位定位下，一切都是以交付为目标，过程能省则省，最重要的文档是系统的设计文档。

所以，来到这里以后，我理所当然地延续了之前的文档风格，费尽心血写的第一份需求文档其实是一份四不像的设计文档，内容充斥了大量的表结构、字段名、接口和设计术语，根本没有需求背景、需求用例和场景描述，至于为何要做这个需求，自己都讲不明白。而我居然在没有拉着前辈做产品内部评审的前提下，信心满满地拉着项目组一起组织正式评审，评审效果可想而知，开发和测试像是遇到了怪物一般审视着我，场景至今还记忆犹新，那些复杂的目光里有对我不懂装懂的不屑，有对我越俎代庖的不满，还藏着一些幸灾乐祸。

为此，第二天，开发人员又和我们产品人员一起开了一个沟通会，沟通确认产品和技术的边界在哪里，他们的诉求是希望我们给予他们足够的设计空间："你们只要把原型和系统逻辑描述清楚就行了，不要管我们用什么技术，好吗？总之，实现你们的功能就行了。"那一刻，我才知道，开发人员对边界是如此在意。

> **经验**：产品经理和开发的接触过程中，要善于划清与开发的边界，有些明确是技术设计的范围，我们尽量不要去越界，比如表如何设计、该用接口还是消息机制等，这些都是开发需要去考虑的，产品经理需要给他们空间，也没必要给自己加活；还有一些是相对模糊的地界，比如功能该放在哪个系统里更合适，这时最好与开发达成共识，哪一方的方案更加合理就听哪一方的。

从那次以后，我在评审前，会拉着前辈先进行一遍内审，如果前辈都没有异议了，我才会组织正式评审，以减少我自己的不专业，以及和技术之间的摩擦。

鉴于我对现有系统和业务的不熟悉，以及我的需求文档的不规范，内审会基本成了我的需求找茬会，从头到尾改得面目全非，有的是我自己的问题，我虚心接受，但很多实现方案并没有对和错，我也会据理力争。每次开完内审会，我身

心俱疲，觉得自己特别失败，一度怀疑自己是不是适合做需求分析。

受限于之前的技术思维，每次和业务方聊需求时，技术的惯性让我的第一反应不是这个需求是否有价值，是否合理，而是这个功能改动大不大，哪个表需要改动什么字段（因为我把系统设计熟悉了一遍，对表结构已经比较了解了）。如果调整大，那就会从心底开始排斥，以致沟通时会带着需求不合理的情绪；如果改动小，才会心平气和地聊下去。这样就导致我在讨论业务需求时，也不能客观公正了。

所以你看，产品经理懂技术是把双刃剑，把握得好有助于我们更好地评估需求的合理性，把握得不好，会陷入技术的死胡同里，进而限制了我们的视野，抹杀了我们的客观性和公平性。反观我身边从技术转型做产品的朋友，B端的居多，C端和商业化的几乎没有，也从侧面证明了技术思维是有局限性的，因为技术思维有很强的逻辑性，很适合做B端复杂的业务和逻辑梳理，而C端和商业产品经理需要比较开阔的视野和发散的思路，技术思维的逻辑严谨性反而不利于他们的发挥。

经验：产品经理懂一点技术，可以更好地和开发人员交流，但要谨防自己陷入技术禁锢里，以技术的实现难度为出发点去和业务聊需求，这样就会失去客观性。记住，我们的目的是解决业务的问题，需求分析的出发点是需求是否合理，而不是技术能否实现。

最大的一次冲突，发生在我入职快3个月的时候，也就是我的转正前夕。我们带着开发完的仓储系统（WMS）到甲方公司做上线前的部署演示，这是一次很重要的演示，但偏偏天公不作美，在开始之前半小时，WMS与自动化设备的交互出现了问题，我们的指令下发以后，设备没有反应，原本负责这一块的开发人员在公司，和我一起在现场的开发人员对这一块又不了解，急得我直冒汗。由于我在前期模拟预演的时候，对这一块比较熟悉，大概知道是某个状态出了问题，于是自告奋勇，一边同公司的同事电话沟通，一边开始操作数据库修改数据。刚好领导急匆匆地跑来，见我自己一边打电话一边敲代码，也不听他说话，气不打一处来，狠狠地批评了我一顿，后来见设备慢慢动起来了，才不高兴地甩手走了。

我很冤，觉得自己在关键时刻顶住压力帮大家解决了一个大问题，却不被理解。

中午，领导把我和超哥叫到房间里，对我的越界行为进行了严厉的批评，并说了一段令我终生难忘的话："现在的你，就像一只被放出笼的鸟，虽然身体出来了，但心还在笼子里，如果你不进行自我转变，可能真的不适合做需求分析。"

多年以后，当我再回想起领导说的这句话，发现这句话形容当时的我是那么恰如其分，我的桀骜不驯源自老东家用四年时间在我身上打下的深深的烙印，我在新的环境里，却用着老一套的思维和方法做事。

6.3 空杯心态，让我终于走出了囚笼

带着我的委屈和疑惑，我向阅历比我丰富的 B 哥请教。B 哥让我明白了每个公司的企业文化和制度流程是不一样的，公司不会因我们而变，我们只能调整自己去适应新的环境。我也明白了做需求分析，很重要的一项技能是学会沟通，沟通不是吵架，我们要善于和不同的人共处。我还明白了需求和开发是两个工种，大家是应该有分工和边界的，你再专业，那也是过去时，不要越俎代庖。职场上总会存在一些潜规则，大家都看破不说破，作为新人，要学会隐忍和观察，才能快速成长。

就像邓宁·克鲁格心理效应，当我们从愚昧山峰跌落绝望之谷，承受过痛苦以后，开始爬上开悟之坡，这个坡有点长，但一切都会慢慢明朗起来。

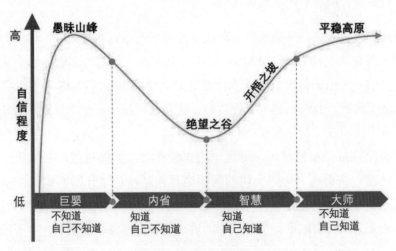

邓宁·克鲁格心理效应

从那以后的半年里，我尝试着从囚笼里走出来，逼迫自己不再用过去的方式来思考问题，不再自告奋勇地去处理技术问题，和每个人和平相处，积极参加集团组织的需求文档编写培训，还买了《人人都是产品经理》和《火球：UML大战需求分析》等几本有关产品经理的书来学习充电。慢慢地，我看到了自己的转变：我的项目成功上线，领导公开表扬了我在现场的表现；经过专业培训后的我，知道了一份完整的需求文档包含的内容，知道什么叫作需求用例，什么叫作基于场景设计，什么叫作前置条件和后置条件；随着对系统的越发熟悉，我和前辈的配合也越来越默契，需求被修改和打回的次数也越来越少，我也开始参与更加核心的功能设计了。

其实，这个世界并没有变化，变化的是我们自己的认知和心态。

在央企里待了一年半以后，我得到了某头部电商 J 公司的面试机会，经过几轮面试，顺利地拿下了 offer，成为了一名大厂的产品经理，继续我的征程。我的身份，从央企的需求分析师，变成了互联网企业的产品经理。

经验：成长过程中，最难的就是放下过去的包袱重新出发，在新的环境新的工作岗位上，我们首先需要调整的就是自己的心态，学会放下过去，用全新的视角去适应新的环境，多听多看多总结，跟身边人学习技能，学习文化，也学习为人处世，千万不能沉浸在自己过往的世界里故步自封。

6.4 在大厂里，我是这么快速学习的

在 4G 带动的移动互联网起飞的黄金时代，J 公司抓住了红利飞速发展，而我也在最佳的年龄怀揣着梦想，从这里踏上了互联网产品经理的征程。殊不知，这条路很长，一直走了十年，走到了现在。

每到一个新公司，成长最快的时期通常是刚入职那一阵，这个时期的我们就像一块干海绵，吸的每一滴水都是货真价实的，完全不会遗漏。我在 J 公司的岗位是仓储产品经理，首要任务就是尽快熟悉仓储的业务，尽快独当一面。

仓储的流程已经存在几十年了，几乎所有的仓储业务流程都大同小异，而我之前的工作一直在从事这一块，已经有比较坚实的基础了，所以去了几次仓库现场学习以后，基本上就熟悉得差不多了，复杂的是互联网电商的业务形态，对我来说是一纸空白，这是我最需要学习的。

入职的第一个月，每天都在吸收新的东西，脑容量严重不够用，入职导师带着我串各种会，拜会各路业务方，梳理各种流程……一个月见的人，比之前一年见的都要多，因为自己记忆力不好，很多东西事后容易忘，我便使用了最原始最有效的方法来解决：记笔记。我会记录遇到的每一个人的姓名、部门和岗位等信息，以免再次见面了尴尬；也会把一些会上说的重要的内容、待办事项一字不漏地记录下来，不管听不听得懂。

经验：入职到一家新的公司，一定有很多需要学习的地方，如何快速学习呢？推荐几个方法：

（1）好记性不如烂笔头。对于自己不懂的流程、术语，先记下来，事后再慢慢消化，通过付出更多的时间和努力来换取自己的成长，是永不过时的经验。

（2）深入一线学习。产品经理最好的学习方法就是深入业务环境里去自己体验和实操，然后再配合着系统的流程和逻辑，很快就能理解得差不多。

（3）二八法则。如果精力有限，要分清主次，先重点突击最核心的业务和流程，优先学习主干业务流程，其次学习异常业务，最后学习分支和辅助类业务。

随着对上下游业务的不断熟悉，我很快就能够独自跟进一些较为复杂的需求了。三周以后，导师就彻底把大家电的一个重要项目交给我独自负责，这个占J公司大家电业务20%以上收入的项目成了我真正意义上的第一个项目。

6.5 协同项目下的困局，如何突破

供应链里讲究协同，如果上游供应商和下游零售商协同合作的话，可以达到整体成本效率最优，我接手的这个项目就是与海尔深度协同，将订单直接推送海尔仓库直发，省去了采购来回的时间和运费，还借助了海尔的配送网络，可谓一举多得。

然而，自项目上线后系统就问题不断，不是账差无法售卖，就是卡单无法履约。修复问题又是跨了两个公司多个部门的烦琐流程，自上而下十多个部门联合排查，如同跨越十几座大山，一旦某个角色不在，就会停滞不前。还经常出现前方用户在愤怒地投诉，后端技术部门却在相互推诿，谁都不承认是自己的责任。

每当这时，产品经理就成了夹心层，左右受挫却有心无力，你得好声好气地求着各方先放下成见，解决用户的问题，再来谈责任划定的问题。

印象最深的一次经历是在某日下班前，原本心情很好的我，突然收到了一封邮件，顿时如同晴天霹雳，背景是财务部门曝出我们和海尔之间出现了金额高达两千万元的账差，初步定位是因为用户取消了订单，系统退款了，但海尔的系统没有拦截住商品，又给用户发货了。财务部要求技术部门详细排查。

两千万元，我此生都不太可能见过这么多的钱啊，如果是因为我们系统的问题导致，公司要我们赔偿，我肯定十辈子都还不完。该怎么办？我慌了神，赶紧向领导报备，并去找业务方核实，和业务方一起找财务系统、订单系统和协同系统的人一起排查，各方都说自己没问题，毕竟谁都不希望承担这么大的责任。

无奈之下，我又找到之前出第一版订单取消方案的同事，仔细对了逻辑，确定之前有重点测试过这一块逻辑以后，一颗悬着的心稍微安稳点了，至少主干流程没问题了，下一步就是核实差异产生的原因。

接着，我们又找到财务的同事拿到了差异数据，再找相关人员一起逐单核对，最终确认只是虚惊一场，确实是有几单由于某个系统原因出现了给用户退款又发货的情况，但大部分订单都是没问题的。这几单问题紧急修复后，海尔的客服去联系用户追回货款了。

就这样，这件事情在上升到业务负责人之前，被我们及时控制并得以解决，没有继续恶化下去，否则后果不堪设想。虽然虚惊一场，但我从这件事里悟出了一个受用至今的原则：**钱货不可乱**。

在任何业务里，都有一个最关键的底线，作为产品经理，首要任务是守住这个底线，这样即便出现了线上问题，也不至于酿成大祸。比如我所在的供应链领域，基本底线就是库存和账务的准确性，所有涉及库存和账务的地方，都应该非常严谨，不能出现任何问题。这个原则我奉行至今，也分享给许多人。

经验：别看系统设计很复杂，有的系统可能已经运行了好多年，但每个系统的最核心逻辑通常不会超过 5 个，作为产品经理，一定要知道哪些逻辑规则是我们的底线，并把这条底线告知项目组的每一位同事，让大家都要守住这个底线。只要把握住了这个原则，即便我们的项目还没上线，就已经成功 50% 了。

6.6 系统化的学习，为我带来更大的机会

大公司因为人员和流程制度异常烦琐，如果没有标准的机制和流程来驱动，效率会异常低下，所以大公司都是基于机制运转，而不是基于团队或个人。这可以解释为什么很多厉害的大佬离开了平台以后再也没能再创辉煌，原因是他之前的成功更多是基于平台提供的良性机制和资源。也能解释为什么大厂里岗位分得足够细，很多人进去只能当一颗螺丝钉，因为企业不需要个人英雄主义，只需要我们在它的机制里做好螺丝钉即可，当然，每一颗螺丝钉都要闪闪发光。

培训和分享就是公司里机制建设的一部分，这样可以让好的经验得以推广，员工也能从中得到成长，只要自己有时间和精力，我们在里面可以学习到各种各样的标准化流程，时不时的新技术和业务经验的分享，以及开放式的技能培训。我也在这种机制的熏陶下，不断地融入和成长，除了见识了更多的仓储模式外，通过协同项目，也提升了自己对供应链上下游的认知，这些认知不断地积累着能量，终于有一天，开始迎来爆发的机会。

入职八个月以后，J公司要做物流开放业务，当时公司有可观的商家和足够强大的仓储配送网络，只需要让双方对接上，我们就能为海量的商家提供从采购到仓储和配送的供应链一体化解决方案，商家的供应链总成本降低了，公司也因此将仓储物流能力从自营提升到开放的高度，从成本中心走向了利润中心。这样的业务模式，在当时看来，简直是天时地利人和，想不成功都难。我就在这样的背景下，被安排为负责这个项目的产品经理之一，另一位是我的领导，当然他负责的方向很多，后来我就变成了唯一负责人。

当新来的开放业务负责人姜总向我们介绍完他的宏伟蓝图的时候，我听得热血沸腾，真的感觉自己即将做一件改变世界的大事，这件事就是用系统的力量辅助公司从仓储物流开放到整个供应链开放，最后拓展到供应链金融等周边业务，业务范围也从公司内部闭环拓展到全网全平台。姜总这些规划想法，即便放到今天，仍然是超级前卫的模式，有着超级大的格局。

我很庆幸自己能得到这样一个从0到1的项目机会，而不再是一枚专业的螺丝钉。从项目规划到项目上线差不多半年时间里，我几乎全程投入，周末自愿加班是常态，有一次和业务的方案讨论会议从下午4点开到了凌晨2点，连晚饭都没顾上吃，直到所有人都精疲力尽了才散场，支撑我们的是对业务成功的渴望。

经验：遇到从 0 到 1 的项目经验，一定要抓住，特别在大厂里，这是让我们摆脱螺丝钉的极佳时机。好的项目，加上产品经理自己的努力和自驱，接下来就会迎来突破式的成长。

当然，我的另外两位搭档，技术负责人和架构师也和我一样，为这么一个大展拳脚的机会而兴奋，他们在方案阶段就开始介入，我们三个人组成了铁三角，共同推动项目落地。那段时间，我感觉自己不是一个人在战斗，因为我身边有十几号人的技术团队和最好的架构师，团队的友谊加上前期信息的完全拉齐，使得项目在后期需求产出和落地的过程中变得非常顺利，为我们节省了很多产研在需求上的磨合时间。

经验：大型项目，让研发负责人提前介入是非常有必要的，一来可以提升开发的参与感，降低后续的沟通成本，二来还可以在方案环节给产品经理很多建议，让项目方案更完整。

经过姜总的各方协调，这个项目成了公司的战略项目，得到了高层的支持，但由于项目牵涉面广，涉及七八个部门的资源和实现逻辑冲突，过程自然异常艰难，很难完全达成共识。我们铁三角经常一天之内要找四五波人聊四五个不一样的方案，然后在各方诉求里找到平衡点。当天加班调整完方案以后，第二天再和各方确认，一点点地和各方达成共识。

所有的争议在项目目标和时间的压力下，最终都达成共识了，又经过一个多月的开发联调，项目终于上线了，整体效果还不错，于是很快进入第二期：一个更为宏大的物流开放平台。我们需要打造一个仓储物流之上支持多个平台库存共享的商家 ERP 系统，目标群体是市面上所有可能使用我们的物流能力的商家，无论商家在哪个平台开店，都能使用我们这套供应链能力一键入仓。

第二期比第一期项目范围更大，工期更紧，我也顺其自然地成了这个项目的产品负责人，开始带三位同事一起，花 3 个月从 0 到 1 搭建起全套采销、商品、库存、计费功能的 ERP，并为这套系统取了一个特别响亮的名字——仓海（仓广如海，寓意我们实力雄厚，同时谐音"沧海"，也寓意沧海桑田，来之不易）。我们用心呵护着这棵树苗，慢慢把它种大，为它修枝剪叶，打下良好的基础，让它伴随着业务的成长而成长。欣慰的是尽管我们当初那一拨人都已经离开了，依然不妨碍它长成为一棵参天大树，用它茂密的树枝为业务遮风挡雨。值得自豪的是，当初我们设计的这套模型在多年以后的今天，仍然在运行着，我们留下来的第一版近 10 万字的 PRO，至今还有人查阅，那些文字背后充满了我们成长的点点滴滴。

在 J 公司的那段时光，是移动互联网发展的黄金时期，也是我自己成长最快的几年，我这只井底之蛙终于跳出了井口，看到了更广阔的天地，认识了更多的朋友，也坚定地走上了供应链这个足够宽广也足够有趣的领域，并甘愿为之深耕许多年。每当探讨起产品和业务，我总是足够兴奋，看着一个个业务的问题经我手被解决掉，流畅的物流、信息流和资金流流进我的眼里、心里和梦里。

6.7 经验小结

1）关于转型提升的经验

在产品经理转型和提升过程中，我以我自己的经历，分享几条经验：

（1）在转型还没准备好之前，最好不要裸辞，如果本公司有机会转型，最好充分抓住一个本公司的机会，等有经验了再换工作。本公司毕竟都是熟人熟事，转型成功的难度要比外面公司小得多。即便本公司没有机会，也至少先把产品经理所需要学习的业务知识、专业技能熟悉得差不多了，再出去不迟。

（2）新岗位入职前的准备工作很关键，一个好的态度可以给自己更多的加分，也能提前弥补一些自身不足，以免入职后不知所措。如果有机会，可以向 HR 或者熟人提前打听你的工作性质、岗位职责，以及和你有交集的人，便于我们入职后更快地融入。

（3）无论我们之前有多优秀，在转型以后，都是一位新人，迎接我们的，将是新的岗位要求，我们千万不要故步自封，用以前的工作成绩来衡量现在别人对我们的态度。最需要做的是调整心态，认识到自己的不足，并放低姿态，虚心学习请教，即便工作经验不如我们的人，在产品路上比我们出发得早，那也是我们的前辈。

（4）当我们迷茫和痛苦的时候，不要和自己死磕，适当的时候找个有经验的前辈给我们指点迷津，或许一两句话就能够解除我们心中积压已久的谜团，这些人可以称为我们的引路人。

2）从中级走向高级的经验

于我个人而言，J 公司的开放项目是我个人成长史上的里程碑，是我过往学习和经历的一次大型实战提升。新模式的开发，从 0 到 1 的经历，供应链全链路的梳理，复杂系统的设计，大型项目的协调管理，团队的管理，每一项都是全新的体验，我遇到了很厉害的业务方，很好的搭档和目标一致的项目组，大家齐心协力，一鼓作气做出了成绩，我个人的视野也从纯做物流上升到了供应链视角，见识了更广阔的天地。面对大型复杂项目，我有几点经验分享：

（1）大型项目是绝佳的提升自我的机会，特别是在大公司，这一类项目最容易出成绩，也是有利于晋升的，遇到这样的机会，一定不要放过，抓紧它。

（2）针对跨部门的项目，最佳方式是共建共享，找到每个相关方的利益点，让每一方都能拿到相应的成绩，最低要求是不要损害其他方的利益。否则，大家都很忙，要做的事情多了去了，凭什么优先安排资源支持你的项目呢？

（3）越大的项目，作为产品经理，越应该提前让项目组核心成员参与进来，特别是技术负责人和架构师，这些人都是我们最重要的资源，越早调动他们的积极性，让他们对项目的理解越深入，后续才会越顺利。面对业务感比较强的技术人员，更应该让他们一起参与到需求方案设计中来，他们往往会给我们提供很好的建议。

（4）大型项目里，产品经理的沟通协调能力和产品设计能力同等重要，这项工作往往会耗费我们更多的精力，所以决不能忽视。只要是能推动事情向前发展的事情，都值得去尝试。当然，每个人的能力是有限的，如果遇到超出我们能力范围的阻碍，及时向上级报告风险寻求支持也是必须的，这并不是无能，而是敢于承担的勇气。

另外，在做大型复杂系统设计时，也是有一定的章法可循的：

首先，系统都是从业务而来，最终交付给业务使用，在做设计前，充分调研业务诉求，和业务充分沟通非常重要。系统的复杂往往是业务复杂的表现，业务复杂往往是业务方案不是最优，想要降低复杂程度，多和业务沟通如何从业务侧降低业务难度，不要局限在系统思维里死磕系统设计。

其次，不管多复杂的系统，剥离开业务形态以后，无非就是流程、单据和功能，**"理流程，定单据，填功能"** 是系统设计的 9 字口诀，先梳理流程，再基于流程确定单据流向和单据状态，最后再填充系统功能，是所有系统设计的必由之路。

另外，跨部门、跨系统的项目，除了做好本系统设计之外，和外部系统的沟通和交互要更加关注，他们对需求的理解、项目的排期、接口交互的内容都是决定项目成败的关键，如果主产品经理精力有限，最好安排两个产品经理，一个主内，一个主外。

主人公：薛老板

我的角色	工作年限	关键人生事件	通关锦囊
初级产品经理	第 0～2 年	进入一线大厂，接触创新业务	空杯心态，快速学习，急速成长，勇于任事

第 7 章　初级产品经理最重要的事：快速成长

7.1　多个校招 offer 的抉择

整个秋招我拿到了五六个 offer，自己最终选择了百度。理由主要有两个：

（1）选择一家好公司就相当于为未来的自己选择了一个强大的背书。那个时代 BAT 雄霸天下，这三家公司是进入互联网行业最好的选择，腾讯的 offer 工作地点在深圳，而我因为个人原因只能留在北京，虽然京东的工作地点是在北京，但是在当时百度的知名度是远高于京东的，所以从公司这个维度来看，百度就是一个理想的选择。

（2）看好业务未来的发展空间。我当时所属的事业部是百度地图，众所周知从 2014 年开始百度重金投入 O2O 领域，而百度布局 O2O 初期就把地图作为核心入口和平台，数据显示，在 2014 年 Q1 中国手机地图累计用户市场份额中，百度地图牢牢占据 65.5%。如此大的人群基数，使百度地图成为百度体系下的一个非常重要的流量入口。无论在 PC 时代还是移动互联网时代，流量入口的重要性都不言而喻，有了流量一切商业机会才具备了变现的可能。而我入职将要参与的业务就是地图的 O2O 业务，在那个"大众创业，万众创新"的时代背景下，我个人也非常看好这个赛道。

offer 的选择之所以比较难，本质上就是对于长远利益与短期利益的抉择，关于多个 offer 的选择建议大家重点考虑以下几个维度。

第一：看行业。

把行业作为首要考虑因素是比较明智的做法，而对于行业的选择又要综合考虑行业发展、个人兴趣等多个方面。

（1）发展趋势。看方向要看大势，要选择未来有良好发展空间的方向，未来 5～10 年我个人比较看好的 4 大风口是新能源汽车、出海业务、产业互联网和元宇宙。

（2）个人兴趣。光考虑发展趋势还不够，还要结合个人兴趣，只有从内心喜欢这个行业你才能发挥最大的主观能动性，最大限度地发挥自己的创意，才更有可能升职加薪。最理想的状态当然是自己喜欢的方向恰巧未来发展空间很大，那恭喜你；如果两者不能很好地融合，我的建议是**优先看行业发展**。

第二：看城市。

对于城市要重点考虑三方面：

（1）工作机会。互联网发展最强的五个城市分别是北京、深圳、杭州、上海和广州，这几个城市整体来说工作机会更好，整体薪资更高。这五个城市中，北京的平均薪资最高，互联网公司数量也是最多的，相对来说，是最适合同城跳槽的城市。

（2）生活环境。北上广深杭作为国内的一线城市，在教育、医疗等方面的资源绝对处于国内顶级水平，在这些城市的生活便利性绝对是最高的。

但是在大城市生活最困扰人的当然是房子，如果打算在这些城市上班的可评估自己的家庭条件及自身能力后再做出决定。对于不打算定居大城市的可暂不考虑房价。

（3）家庭因素。我们慢慢长大，可父母却慢慢变得年迈，他们陪我们成长，我们要陪他们变老，条件允许的前提下，要尽量选一个离父母近的城市生活发展，这样可以常回家看看也方便照顾父母；当然，有伴侣的也要考虑对方的意见，在城市选择上彼此尊重，选择一个最佳方案。

第三：看公司大小。

对于第一份工作到底选择是大公司还是小公司，我在职业发展中，对三种不同类型公司的发展做过对比。

如果是大公司的核心业务和小公司核心业务对比，选择大公司；

如果是大公司的边缘业务和小公司的核心业务对比，选择小公司；

如果是大公司的边缘业务和小公司的边缘业务对比，选择大公司。

具体拿到 offer 的业务部门是核心还是边缘就要在面试的自由提问环节问清楚，另外平时多从网上或者学长那里多方打听，了解具体情况。

第四：看待遇。

如果单纯地把待遇作为一个考虑因素，当然是越高越好。但在考虑待遇问题的时候要综合考虑以下两点：

（1）有没有户口。有户口的公司，工资肯定偏低。在北京，户口上绑定了太多的权益，也是可以折算成人民币的。

（2）补助有多少。要了解清楚年终奖是发多少个月？有没有饭补、房补、交通补？住房公积金的缴纳基数及比例是多少？有没有加班费？所有问题都搞清楚之后，计算一下自己的年薪，一定不要只看月工资，不然你很可能会错过年薪更高的公司。

对于 offer 的选择，一定要慎重！毕竟这是你职业生涯的开端，对未来的发展影响深远，所以要多听听前辈的意见，通过不同的渠道多了解一下心仪公司或部门的内部情况，然后综合各方面信息选出一个内心最喜欢的 offer。

7.2 在百度我学到的标准化产品流程

在百度的岁月忙碌而充实，因为我当时主要负责百度地图 O2O 战略的拓展，入职的部门属于一个新部门，所以时间紧任务重。刚入职不到一周就有任务安排，要求我在连锁餐饮、连锁超市以及商圈中选一个做市场调研，主要包括这个方向有哪些玩家，他们的生态体系是怎么样的，有哪些创新的业务模式，等等，并要求一周后在组会上跟老大汇报。

最终我选择了连锁餐饮，我之所以选择餐饮这个赛道，是经过一番深思熟虑的。首先餐饮是一个万亿市场规模的赛道，市场规模的大小在一定程度上决定了业务发展的上限；其次我认为当时的百度做餐饮 O2O 有自己的独特优势，那就是数以百万计的付费企业级客户。

众所周知，百度主要靠搜索引擎竞价排名赚钱，这一过程中百度的客户中含有大量的餐饮企业，它们在百度搜索生态下赚取了超额利润。一旦百度发力做 O2O，这部分客户愿意追随百度并不意外。这一点我也从百度直达号上得到了验证。百度直达号发展不到半年，就入驻了海底捞、望湘园等连锁餐饮商户。

接到任务后我就开始热火朝天地开干。前期市场调研的所有素材全部来自网上，**核心目的在于探索市场上可行的业务模式**。我主要搜连锁餐饮的 O2O 模式，这方面主要有团购、外卖、订座、点餐等，还有做新鲜蔬菜供应链、半成品供应、厨师跟食客对接平台等模式,但后面这些百度地图如果想要做,难度会非常大,投产比很低,所以我重点调研了前面几种业务模式。

一周以后的组会,老大对我们的 PPT 不是特别满意,提了一大堆意见,虽然感觉自信心上有一点点受打击,但是反过来想这是一次难得的学习机会,自己本身就是一个产品新人,第一次做不好其实是正常的,就没必要气馁。

经验:作为产品新人,一定要有一颗强大的内心,一定要有抓住一切机会快速成长的意识。

第二周开组会之前,我在之前 PPT 的基础上,增加了对连锁餐饮合作后台供应商的调研,以及肯德基、俏江南、小肥羊等连锁餐饮微信公众号信息承载的调研分析。第二次评审之后老大说这次问题不大了。并且通过调研分析,我们得出一个初步结论:**在百度地图体系中,有做餐饮 O2O 业务的价值和意义**。用户使用地图的场景主要是导航,既然需要导航极有可能是一个陌生的场景,当在陌生场景下产生了吃饭需求的时候,直接通过百度地图完成订座、点餐、到店取餐等需求,可以很好地实现需求闭环。

初步的结论有了。那是不是就可以直接开始做了呢?肯定是不行的。理性客观的方法是需要验证这个结论的可靠性。这个调研我们前前后后做了大概一个月的时间。

为了保证调研的科学性,调研的方法我们采用的是**定性和定量相结合**。首先是定性调研,因为百度地图的用户覆盖各个层级的城市,所以在城市分布上,一线、二线、三线、四线城市的餐饮商家以及普通用户我们都覆盖到了,并且有些城市客户的访谈我们是直接出差去访谈的,实在没办法面对面访谈的采用的是电话访谈,总共访谈了 100 多个;其次是定量访谈,采用的工具是问卷星,样本是百度钱包那边根据我们的要求提供的用户名单,回收有效问卷 5000 多份。通过一个月左右的辛苦工作,我们验证了用户的需求,并且通过访谈收到了很多有价值的需求和功能设计层面的思考。

经验:为什么我建议大家第一份工作一定要进大厂,一个很重要的理由是可以培养你扎实的产品基本功。在大厂你学到的是经过千锤百炼之后的产品方法论和标准化的流程,这些恰巧是大多数中小型公司所不具备的。比如大部分中小型公司根本不注重用户调研,很多决策都是拍脑袋,经常会做一些

"我以为用户有这个需求"的需求。上面提到我们为了探索一个新业务,光调研就做了一个月,并且严格按照目标用户分布进行抽样。为了取得更准确的一手数据,我们还出差到外地进行访谈。恐怕现在这么做的公司少之又少。

7.3 在授业恩师的指导下完成项目落地

随着调研结束,接下来就进入功能设计以及项目落地阶段。此时老大给我分配了导师——宏哥。宏哥给我安排的核心工作是肯德基的预订接入功能。我们当时的想法是:因为百度地图有很强的品牌效应,最开始合作的商家也一定要是业界龙头,只有这样才能实现很好的示范作用,后续商家的引入就会变得相对容易,而肯德基是最理想的选择。**这其实就是在一个新业务启动阶段会采用冷启动还是热启动的问题。**

有了大概的思路之后,我去找宏哥聊。最开始我以为我只是辅助他做好这个项目,是他的助理、小跟班,但是聊过之后他义正词严地跟我说:"你是这个项目的负责人。"当时我突然就明白了,**我是一名产品经理,我不是任何人的小跟班,我要为我做的这款产品负责。** 从那一刻起我觉着自己突然"长大"了,对我来说这是一个特别大的转变。

所以后面我甩掉了自己的依赖心理,并开始独立思考业务流程该如何梳理。也坚定了信心要把这个项目做好,一方面是因为我的老大特别重视这个功能的上线;另一方面我认为这个项目对我来说是一个全新的挑战,如果能做好,对自己能力的提升一定是非常有帮助的。

接下来我的核心工作就是梳理整个业务流程。首先我系统性地梳理了某些头部 App 酒店预订流程、肯德基官方 App 订餐流程以及其他网站的订餐流程,以供自己参考。并且结合肯德基的具体需求,我做出了 A、B 两版方案。我带着两版方案去问宏哥应该采用哪一版。他的回答让我醍醐灌顶:"你是产品经理,你认为呢?"这再一次让我清醒地认识到:**产品经理是一款产品的主人,这种主人翁意识在产品早期越早建立其实帮助越大。**

在某一版方案中我竟然出现了要两次点击"开始点餐"的失误。宏哥说:"要是让厂长看见了,肯定会问这个产品经理是谁,然后你就可以收拾东西走人了。"很幽默的一句话直指我的不认真。在讨论流程细节的时候。他总在问我"还能不能更好？还能不能再优化？"其实这就是宏哥的教授之道，他会一步步地引导你自己去思考，让你自己意识到问题并一步步优化，当我实在想不出解决方案时，他会主动给我两个不错的选择，让我自己去分析各自的优缺点，并做出最终的选择。这让我见识到了一位职业产品经理的素养，后来我自己带人的时候也会采用类似的方式。

整体流程图没问题之后，我开始梳理原型图，当时比较纠结的是取餐时间和取餐地点的页面布局问题，地图的属性决定了你必须先选择取餐餐厅，而由于时间和地点属于同一维度，放在一起用户的理解成本会极大降低。但是这样的话会打破地图原有功能的基线，所以我给出的解决方案是：必须要做定制化页面，而不是依赖地图原有的页面进行优化。这个定制化页面如何布局，要承载哪些功能等问题花费了我大量的精力，可以说我的整个策划案中这一部分是精华中的精华。在后续我们又开过多次会议，主要是帮我指出细节上没想到的问题，譬如显示列表门店数量不统一的问题，在个人中心如何查看订单状态的问题，到店如何取餐的问题，等等，在这个过程中我开始意识到自己思维的局限性，很多逻辑细节想不到，所以此后我开始学习如何使用结构化思维去优化我的产品方案。

等整体方案比较完善之后，老大让我在月会上当着所有部门产品经理的面汇报肯德基预订方案。我跟宏哥说需要一个后台数据处理流程，他就给我发了后台流程图案例，我按照这个优化形成了预订的后台流程图，这正好印证了**好的老板会给你提供平台而且帮你争取资源**。

会上我把自己关于预订的想法和盘托出，并重点讲了一下这个后台数据流向图，老大倒没提什么意见，只是说现在不需要汇报得这么详细。我感觉这次的宣讲不管有没有掌声，对我来说都是一次成功，在讲的过程中我充满激情，仿佛又找到了大学时代站在讲台上的感觉。

后续的工作就是继续不断地完善肯德基需求，等待跟肯德基的业务对接。没过多久，我就跟老大、宏哥以及百度技术人员一起参加与肯德基的电话会议，当然更像是一个谈判会议。由于这种会议我完全没有经验，并且会议很重要，所以主要是宏哥来主导。首先，拟定一个 PPT 主要讲地图这边的规划以及条件，当然这些在会前他也跟我深度沟通过，发给肯德基方。然后宏哥讲了下我们这边打算怎么做，包括订单数据必须回传、支付必须跳转到地图等。肯德基那边当然不希望流水经过地图，所以他们开始挑战这个方案。百度技术部人员是坚定站在宏哥一方的，因为事先已经达成一致，从这里也可以得到一个启发：**在开所有的对外会议时，内部人员一定要先达成共识，一致对外，这样才能为公司争取到最大的利益。**

但是由于老大负责的业务比较多，感觉老大对这个项目的细节不是很了解，还老想插几句话，大家都在积极地思考，组织语言有点顾不上老大的提问。后来谈判陷入僵局的时候，老大怕谈崩，所以建议宏哥先讲之前的案例，然后再切入到现在的合作方案，但又怕被对方听到，故而转身写在黑板上让宏哥看，宏哥却没有理会老大的建议，直接回复说这边先提方案到时候再协商。

会后明显感觉老大是不悦的，但宏哥坚持"支付不在这边完成就没有谈下去的必要"。这让我开始思考互联网公司部门领导与业务负责人之间的话语权问题。这到底只是个例呢？还是本身就应该这样？在这个部门每个人都很忙，手上都有一堆的事要处理一堆的会要参加，所以交流的机会并不多，更多的是通过邮件向老大汇报工作进展。针对肯德基这个事我敢肯定老大是绝对没有宏哥了解情况的，宏哥也许是抓住肯德基的迫切心情，想要以此为公司争取更多的利益，当然如果这么谈下来自己功劳也会很大。

老大面对一个初创团队没有任何成果，他希望先抓住肯德基这样的大客户为自己的年终汇报背书。目的都是为了公司好，但立场稍有差异。那产品部门的领导应该扮演一个什么样的角色呢？是抓大放小的方向制定者以及资源争取者？还是具体参与到项目细节中去做到事无巨细？当时的我并没有答案。但是我觉得不管怎样，对全局的了解很重要，要实现这个的前提是建立一个良好的沟通机制。

后续又陆陆续续开了好几次会议，依然是围绕着订单回传和支付问题以及其他细节，后续的开会基本上就只有宏哥、我和技术部同事参加了。在会上，当遇到与肯德基方案冲突的时候，宏哥会经常问我的看法和意见，当时我真的是受宠若惊，再次感谢宏哥的信任和培养。经过五六次会议的"极限拉扯"，双方终于达成共识，进入需求评审以及项目落地阶段。

一个多月后，项目终于落地。我真的非常激动，感觉就像自己的第一个孩子呱呱落地了，那种兴奋也许只有做产品经理的人才能真实地感受到。在此给大家展示一下当时的页面。

都说做产品经理是因为这个工作有成就感,当用户因为使用自己的产品从而生活变得更美好时,那种自豪感油然而生,这是我做产品经理的初衷也是让我坚持做产品经理的源动力。

功能上线之后,非常感谢运营部门的大力支持,整体数据表现非常不错,这也让我们后续的商家入驻工作进展比较顺利。此后,小肥羊、海底捞、必胜客、麦当劳、西贝莜面村等连锁品牌先后入驻百度地图。当然作为产品经理,由于各家企业的业务属性的差异,在设计功能流程的时候都会做针对性的优化以及个性化的配置,来保证业务的顺利推进以及合作企业的利益最大化。

7.4 拥抱变化,感恩有你

正当我们热火朝天,信心十足地拓展业务的时候,来了一个"晴天霹雳"。由于公司业务调整,我们的业务部门要跟百度糯米合并。正如我刚开始提到的,百度发展 O2O 的初期是以地图为重要的流量入口完成业务的启动以及模式的验证,但是从战略的角度,百度重金打造了百度糯米。在百度糯米的战略发布会上,厂长曾经豪言:三年内追投 200 亿元给糯米。在大量资金的扶持下百度糯米业务发展非常迅速,一度成为垂直赛道的前三名。所以从公司层面为了更好地进行业务整合,最终决定进行部门合并。

这个决定从个人情感的角度我是难以接受的,这也是我整个职场生涯第一次的"拥抱变化",很难接受自己的业务说没就没了,感觉一切的付出都白费了;但是从公司的角度来说又是非常合理且正常的一件事,因为公司最大的目标就是赚取利润,实现方式无非是"降本增效",而架构调整就是基于这个目的。

因为百度糯米那边有成熟的产品团队,合并过去之后我肯定不会负责核心业务,再加上宏哥内部转岗到了一个我自己不太喜欢的业务部门,所以我萌生了去意，我自己还年轻，我想去看看其他公司是怎么玩的，所以开始找工作跳槽。

回想起在百度差不多两年的岁月里，其实我还是很满意的，自己收获了很多。

首先，我遇到了一个很好的导师，那就是多次提到的宏哥，他在百度是一位经验非常丰富的高级产品经理（现在在阿里做产品专家），在职业发展的初期，很荣幸能遇到这么一位良师益友，在我写第一本书《产品经理求职面试笔记》时，还请宏哥写了推荐语，不胜感激。其实进了大厂并不代表你就一定会变得很牛、成长很快；真正影响你在职业早期能否快速成长的决定因素是你的导师，是带你的人，主要看他是否有能力教你以及愿不愿意教你。

其次，培养了自己扎实的产品基本功。在百度的这段时间我学到了标准化的产品工作流程以及方法论。这些不光对我后续的工作产生了巨大的帮助，让我可以快速上手业务，而且对我后来教授学生也产生了非常大的帮助。

再次，换工作的时候让我拿到更多的面试机会。不得不说大厂的工作经历会给你一顶光环，为什么呢？后来我自己做招聘之后，就发现大厂的人会给你一种"确定性"。比如招聘 10 个有大公司从业经历的人，可能有 8 个以上能力都不错，没有看走眼；招聘 10 个小公司背景的人，可能只有三四个相对靠谱。而正是这种能力的"确定性"赋予了大厂出身的人一种光环，因为作为招聘方我会认为你大概率也会跟你的前辈一样优秀。所以后续我投简历的时候，简历通过率以及面试通过率还是挺高的。

最后，第一份工作赐予了我一帮很厉害的好朋友。跟我一起入职的几个小伙伴，有北京大学的经济学硕士，有北京邮电大学的计算机硕士，等等。虽然现在已经各奔东西，他们有的依然在大厂做资深产品，有的在小公司带团队，但是不管他们在做什么，相信都会做得很好，在他们身上我学到了很多，感恩有他们。

7.5　经验小结

人生的第一份工作一定要慎重选择，因为这是你职业观形成的关键时期，会影响一个人的职业生涯。

在刚开始工作的前几年，首先作为新人我们要谦虚，唯一的目标就是不断地学习，向周围任何值得学习的人学习，来提升自己的成长速度；其次，作为新人我们又要勇于承担，要以主人翁的心态对待工作，唯有这样才能得到领导的赏识，职业道路才有可能越走越宽。

主人公：Kevin

我的角色	工作年限	关键事件	通关锦囊
高级产品经理	第2～4年	产品经理职业转型	主动学习成为优秀的产品经理

第8章 人人都可以做产品经理吗

鉴于产品经理的开放性，不管是什么专业、什么职业都可以转型为产品经理，这几乎是市面上最兼容的职业！

可是并不是每个人都可以从第一份工作开始就做产品经理，在本章你会看到我以及我身边不同行业的朋友在转型成为产品经理的过程中所遇到的职业转型痛点和问题。

8.1 为什么选择做产品经理

中国有句俗语"男怕入错行，女怕嫁错郎"，形象地道出了行业对男人的重要性。随着时代发展，如今行业的选择已经不分男女，对于每个人都同等重要。我们在工作的时候都会积累行业的知识、产品甚至是技术。要是选错了职业，就意味着这类知识可能就会遗失了。

每个人职业成就感的诉求是不同的，有的人并不需要赚多少钱，而是选择精神幸福，就像一次我家里亲戚告诉我："选择一个好的信仰，让自己精神不空虚，我不需要赚多少钱，自己够用就可以了。"她的生活方式让我觉得很好，当然她也在努力工作，她在成都有自己的房子、家庭和爱她的老公，她觉得这就够了，赚取身外更多的名利就意味着要付出更多，所以她选择现在这样的生活方式。

但人生在世就这么多年，我们选择某一个职业后，深耕几年后就30岁了，时光不会倒流，要是选了自己不喜欢的职业，那就虚度了不少光阴，同时还可能影响自己的眼界。

如果你选择了做产品经理，那就注定要与产品、用户、市场进行融合，通过坚持不懈在里面深耕。同时，在互联网行业产品经理这个职位出现之前，其实在传统行业已经有产品经理了，他们承担着标准化、利润、研发、运营、投放各个流程，虽然不是以软件系统为产品，但所运用的流程和模型方法是一致的。

8.2 市面上的产品经理都是多元的

不管是从销售、运营还是其他职业转行到产品经理，我们都需要学习产品经理的硬技能，才能胜任产品经理工作。每个产品经理都有自己的特点。

所以迈入产品经理，需要通过找到喜欢或者擅长的切入点来塑造自己的知识沉淀，可以是技术知识、也可以是行业知识，同时还可以是业务知识。

曾经我刚做产品经理的时候，因为看了几本产品经理的书籍，就以为产品经理是团队的核心人员，同时也是开发人员、设计师的领导者。可是当真正从事第一份产品经理工作的时候，我发现产品经理不需要面对研发人员，企业为了节省成本全是采用外包，只需要产品经理来绘制原型即可，实际上没有像那些书里介绍的流程。这让我十分怀疑自己做的是不是产品经理，其实这就是多元的产品经理，在这家公司里需要产品经理做需求分析、原型设计就可以了，而不是推动产品的研发和上线。

就像你可以在本书中看到非常多的产品经理故事，在看到这么多故事之后，你可以了解到多元的产品经理，也能明白产品经理本质上需要的是什么技能。

8.3 怎么样成为优秀的产品经理

什么样的产品经理是优秀的产品经理？对于国内互联网产品经理来说，张小龙必须要算一个。张小龙硕士毕业于华中科技大学，曾开发国产电子邮件客户端——Foxmail，加盟腾讯公司后开发微信，被誉为"微信之父"。

微信 8.0 版本上线后，张小龙在极客公园以视频号连麦的方式加入了极客时间视频号直播，当被问到产品经理是否可以被培训时，张小龙回答："**产品经理是不可以被培训出来的，如果要问一个优秀的产品经理要怎么成长，就是不断地从失败案例里积累和成长，通过在失败中总结经验。**"

失败是成功之母，这个道理看起来很简单，但实际上产品经理的成功并不是只失败 1 次就行了，极大可能是 99 次的失败也没有换到 1 次成功。

2016年,在深圳我邀请几个大学同学一起做产品经理社区,想做一个垂直领域的论坛产品。作为在大厂和独角兽企业工作的我们,认为这类社区功能很简单,只要租赁一个服务器,加上我们现成的开源论坛,部署上去就可以用了。但开源不满足产品经理人群的需求,需要二次开发,与其优化所需要的成本和时间,还不如自己重新做,所以1.0版本就这么告一段落了。

截至现在,我们不知道开发了多少个没有意义的版本,其中有的版本我们甚至出现了社交、相亲等功能,在几乎没有用户、没有测试的研发团队中,这类功能自然就是各种不稳定,加上技术框架的落后,访问速度也慢,我们不断地换方向和产品功能,试图找到一个匹配现在人群的稳定功能,可以说整个过程就是在失败中找方向。

经验:要成为优秀的产品经理,第一条就是要多看下别人为什么没有这么做,以及别人为什么会失败,这样会让你少走很多弯路。

要成为优秀的产品经理,还要学会管理团队,学会用软实力管理团队的其他角色。

(1)管理运营:SOP。

产品上线后就会进入运营阶段,在运营中最看重的就是指标达成情况,比如"双11"活动下,投放的渠道流量基础数,带来的转化效果数据以及在其中涉及的运营规则,包含话术规则、商品配置、用户画像,找到好的投放渠道、用户数据点等。要管理好运营必须从以下几点出发。

①专注SOP场景。产品经理和运营沟通时,应专注于沟通所运营活动、内容需要的SOP场景,例如活动运营需要活动配置工具,即可以创建活动和监控活动管理工具;内容运营需要排版工具、素材采集工具、素材管理工具。

②不影响产品框架。产品经理和运营之间的沟通,也要注意不能让运营的需求影响到产品框架,比如我们经常会遇到做活动运营的同学提出能不能在微信支付的基础上增加支付宝支付或者银联支付,虽然有用户需要用支付宝支付购买门票的场景,但是微信支付已经满足了所有的用户门票购买。

和运营沟通需要考虑运营需求是为了方便运营还是对产品真正有好处,因为一旦接入新的支付入口后就会涉及增加新的平台,同时用户在购买上增加了多个支付选择,有可能反而会降低支付成功率。再加上多个支付路径,若是在哪个支付接口调用失败了,同样也会增加其他的问题。因此这块更加需要需求管理。

（2）管理程序员。

有了产品需求后，下面就要开始做产品设计，产品设计期间要求产品经理和开发保持沟通，确定产品设计的方案能够落地和实现。

比如我们做数据产品的设计，需要提前确定数据的业务口径和技术口径，业务口径是从需求的角度来考虑需要什么样的数据看板，技术口径则是具体的计算方式。

数据指标就是一串数值，以及这些数值的计算来源和维度的考核方式。下图中表达了总量、人均、付费、产品4个维度的指标，这些指标是业务口径，我们可以通过后面的计算方式推演出各个维度下的具体指标计算方式，这些是开发岗位所需要的技术实现逻辑。

产品数据指标

	常用指标	计算方式
总量	成交总额（GMV）	包括订单金额、取消订单金额、退货订单金额、拒收货订单金额
	成交数量	下单数量
	访问时长	用户使用App或网站的总时长
人均	人均付费（客单价/APRPU）	总收入/总用户数
	付费用户人均付费（ARPPU）	总收入/付费用户数
	人均访问时长	总时长/总用户数
付费	付费率	付费人数/总用户数
	复购率	消费两次以上的用户数/付费用户数
产品	热销产品TopN	-
	好评产品TopN	-
	差评产品TopN	-

因此在产品经理和开发沟通的时候，一定要抛开需求谈落地实际，到底能不能实现，以及实现的成本如何，现阶段能够做成什么样子。

（3）管理设计师。

产品经理和设计师沟通一定是沟通做什么功能，同时要强调各类功能的权重。沟通做什么，而不是长什么样子。但是我们可以去标明做的样子希望达到什么目的。

具体来说，在一个页面里，功能、按钮与文案哪一个元素的权重高，哪一个元素要突出和区分，这都是要表达出来的，比如下图是PMTalk的新版本首页，可以看到原型下的布局（左）和设计图（右）的差距主要在于字体和功能入口大小。导航栏里选中的导航标题权重高，所以设计图会进行突出，以方便用户知道当前所在的页面。设计图和原型图的页面布局是不一致的，但功能是一样的，都是在首页为用户提供了问答信息流。

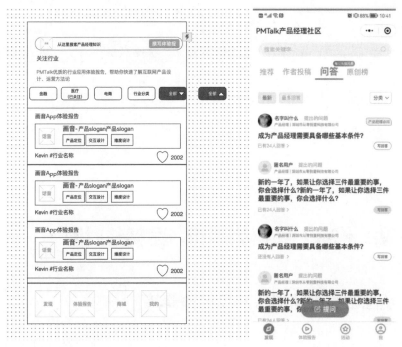

事实上许多产品经理和设计师发生争执,就是因为没有分清楚各自的工作重心。

8.4 经验小结

通过这一章你应该清楚了下面的知识点。

(1)产品经理是多元的。

(2)要想成为优秀的产品经理,就要从积累经验和团队协作来提升。大量地积累失败经验,才能知道功能设计的正确方案;和团队成员协作分工明确,才能有做出产品的更高概率。和运营、开发、设计师协作沟通,要分别注意:

和运营沟通要注意建立在 SOP 场景上,不动产品框架;

和开发沟通要注意技术实现的瓶颈,调整产品设计方案;

和设计师沟通要注意元素的权重和需求是什么功能。

主人公：赵老师

我的角色	工作年限	关键事件	通关锦囊
产品经理	第 1 年	各种踩坑	虚心承认不足
产品经理	第 2 年	复盘和提炼经验	最难熬的就是成长
高级产品经理	第 4 年	找到了最适合的中后台产品经理职位	有目的的复盘和自学是最快的修炼途径

第 9 章　修炼：经得起挫折，耐得住时间

9.1　从面试官视角初探产品经理修炼

在准备本章的产品人自我修炼相关内容期间，刚好我所在的公司要扩招产品经理，由我担任面试官。在筛选简历和面试的过程中，我仿佛看到了曾经的自己，也看到了很多熟悉的面孔。因此，我打算不着急讲如何修炼，而是以面试作为切入点，换个角度探讨产品经理修炼之路的话题。

1. 从我遇到的应聘者说起

印象中有一场面试，应聘者应聘的是产品经理岗，其过往的履历这样的：前 4 年做财务方面的业务工作，自述期间曾以业务的身份搭建过系统模型，勉强算是跟产品沾点边；第二份工作他做了两年，职位是高级产品经理；第三份工作 1 年，职位他写的是"资深产品经理"；第四份工作 1 年，职位写的是"产品专家"。总结起来也就是从业务转行产品行业，而且一上来就能成为高级产品经理，做产品经理的第三年就成了资深产品经理，第四年就成为了产品专家，可谓弯道超车。

看到这个简历我就感觉其中的水分不少。因为就算一个公司敢把你放在专家位置，一个 4 年换三份工作的产品经理敢自诩专家吗？

接下来到真正开始面试的时候，前 20 分钟的问答，这位应聘者全程表情和蔼可亲，说话慢条斯理，但问到具体问题时基本全部是用"应有的规则""行业内基本的办法""与系统相匹配的方案"等套话将问题糊弄起来，比较圆滑地避开所有涉及具体方案细节的话题。

作为面试官，我首先想搞清楚对方是否有重大的产品方面的输出，其次想进一步确定一下他最擅长的方面。

当我继续往深处问：可以从过往经历中找一段，聊聊你认为你输出的成果及其价值是什么？

他顿了一下，又开始答非所问，顾左右而言他。

我实在有点忍不住了，直接跟他讲我不纠结他的成就了，我就问他晋升速度这么快，是怎么做到的？

我话说完，他来了句："你是什么职级的？"

这一反问把我整蒙了，我说我就是面试官，问的是一个普通产品经理的专业问题，有什么不妥吗？

他说："不面了，居然怀疑我。"然后他就真的走了。

当时我和一起参面的 HR 都是一脸懵，甚至还让我自责是不是提问出现了问题。现在如果我来对这次面试做个复盘的话，第一，应聘者可能是以专家的视角，觉得我在挑战他，或者对基础问题不屑回答。对此我觉得，大公司的面试基本都是这样的，比如我曾被面试官追问"最优物流和最优仓库的核心算法规则，请列举至少三条""O2O 电商的库存的同步机制是增量同步的话，那频次和容错机制是怎么设定的""打住，你是否听清我的问题，请正面回答"等，我觉得这是个互相了解的过程，不应该带个人情绪。

第二，为了被筛选出来参与到后续面试，简历注水我能理解，但是为人要谦虚，客观是一个人的美德。会就是会，不会就是不会，如果不让问，又拿着一份本就注水的简历，那么下一份工作就算录用了，只怕也失去了锻炼的机会。

聊到这里，可能您会问，究竟怎么才能算是一个满意的候选人呢？其实我在面试过程中也遇到了很多优秀的应聘者。就拿校招简历看，很多人一毕业就实习经验达到两年了，并且面试工作准备得很充分。印象里有一个东北的女孩，跟我讲她做"充电桩检修项目"方案，描述得既简练又翔实。她给我展现了自己怎么修改旧方案，怎么解决线上与线下信息的不对称性，怎么做好投入产出的考量，等等。末了还告诉我希望我可以多问些问题，一来是检验她自己，二来也是增加我对她的考察了解。

同期还有一个海归女孩来应聘，在问她有什么要问我的时候，她聊着聊着很快就掌握了主动权，末了居然面起我来了，临走时还不忘以请教的理由加了我微信。

不管是东北女孩还是海归女孩，都在认真准备面试，并且以学习的态度在沟通。相对而言，一些社招的应聘者，反而挂羊头卖狗肉，面试的时候说冠冕堂皇的大道理，结果既没有方法论也没有足够的产品规划经验。更有一位博士学历的产品经理，在开始面试之后，我和 HR 开着视频看他找简历找了一分钟，因为他忘记简历文档放在哪里了。没错，他需要对着简历看才知道自己做过什么。在自我介绍的时候，他真的就一字一句地读简历，并且连一行都没落下，更别提"金字塔原则"等结构化表达。他读了十多分钟的时候我忍不住打断了他，我问他是否可以挑重点说……

经验： 但凡是认真的产品经理，都会实打实要求自己进步。但凡是负责的用人单位，也势必要对应聘者做各方面的沟通，以考察应聘者的修炼程度，是否匹配目标岗位的能力要求。

2. 面试究竟在面什么

那么用人单位怎么考核应聘者的修炼程度呢？其实面试的核心无非两个：第一是以精准的问答，判断应聘者是不是具备企业想要的能力；第二是收集具有代表性的信息，来预测应聘者在未来是否能有所作为。我们以平均两年作为一个工作经历的周期来划分，我的整体感觉是这样的：

如果你是 2 年的经验，那么你应该基本功很扎实，并且在谈话间能流露出对未知领域的渴望和好学的精神。如果你是可塑之才，比如学习能力强，基本思维清晰，那么面试官会觉得你很难得。

若你是 4 年左右的经验，那么是个中级产品经理了。这时候，你应该有自己擅长的领域了，比如交易、支付、财务等。我曾经面试过一个 4 年经验的产品经理，他做的是国内支付，而我们要的是国外的支付能力，但是我问到 dispute、chargeback 等概念的时候，他都能说出自己学到的相关知识，所以我判断他是能通过后天学习快速补齐短板的。

若你是 6 年的经验，那就是个高级产品经理了，你需要有规划能力，能抽象出模型，能判断需求的价值。如果这六年你是个爱学习、爱总结的人，那么你的行业知识面会很广，在面试中你会避开一些对自己不利的坑。比如说，你会在简历中突出自己擅长的，会在面试之前梳理一遍自己的知识，在回答面试官问题的时候，会以更多的行业话术来回答，面试官能感受到你饱含逻辑思维的结构化的回答方式，言语中不时能感受到同理心、用户思维、商业化思维等等，这不仅是对所应聘的职位的尊重，更是对产品经理这个岗位的致敬。

记得面试过另一个应聘支付业务的产品经理，他实打实工作了 8 年，但简历上一直写的是产品经理，连"高级"两字都没有写，这就暗示此人可能是一个喜欢深入到事情深处做实事的人，有可能是一个无欲无求的人。等到面试的时候，我问他作为国外支付产品经理，对接过新的支付平台吗？他回答"对接过"，但是问到支付平台的名字的时候，他居然说想不起来。为了验证，我继续问他是否结合数据分析优化过支付方式，他自言做过数据分析，但当我问指标的时候，他又说没想起来。可能是为了改善我的判断，他主动说自己有数据指导业务的思维，于是我问他是否有案例可以分享，他就描述了自己用数据监控功能来监测支付方面的异常，一旦报警开发人员进来解决问题。表面看起来说得过去，可当我问监控的机制是实时触发的吗？他回答是，并补充说，支付成功数据下滑突破了阈值就会报警，开发人员就进来处理了。于是我继续问，波动可能是实时的自然波动，一个时间段的波动，能为开发人员提供什么有效的指引呢？可以解释下开发如何基于降低的成功率制定行动项？对方无法解释，并说其实开发就是看看有没有 bug（通常不了了之）……很显然，这些事情或许是没有认真做过，也或者是看到别人做过，但是无论如何，这个反面例子值得我们产品人警醒，因为无论在面试准备，还是在产品经理工作中，闭环和逻辑自恰都是基本的素质。

3. 怎么才能成为面试官眼里比较靠谱的产品经理呢

我觉得面试就是考试，前提是要有扎实的基础和相应的工作能力。我一向不主张投机取巧，如果你真的热爱这份工作，那就应该拿出学生时代学习的态度对待工作，每天的上班就像是做作业；下班后更要主动学习，这样一年年下去，才能修炼到该有的能力。具体的修炼方法有很多，接下来我分享几个印象深刻的自我修炼环节的故事。

9.2 找到产品的主人感

我先到 L 公司应聘。表明来意之后，迎接我的是彪哥，一个高大精明的小伙子。看到我的简历之后，他脱口而出："啊，是个药学研究生啊，那你等着吧，我叫领导去。"后来才知道他是看到我学历比他高，所以就直接让老板面试。

没多久他带我到老板办公室，老板正在写书法，后来大家熟悉了，我才知道老板是某传媒公司的董事长，这只是他开的一个子公司。他看了一眼我的简历，让我坐下，然后就把我的简历折叠起来，放进自己上衣口袋里。

接下来，老板也不提简历的内容，而是开始兴奋地讲自己的宏图大志。说到医药行业的门槛、中国药店的现状、药厂和药店的痛点等，我清楚地记得最后他问我："你要是对这个有兴趣，明天就来，工资给你一万一，试用期和转正后一样。"

面对这样的机会，第二天我就正式到 L 公司上班了，算起来，工资基本是原来的 3 倍（基数太低）。接待我的彪哥从此不再管产品，我一个人带后来的产品新人、测试、设计师。这段工作从锻炼的角度来看，我开始有机会和开发走得更近，开始大量看竞品，开始参与到产品、设计甚至整个团队的规划中。但是这不是谁教我的，而是我自己摸索学习的。公司基本没人加班，但是我会主动留下来学习或加班。有时候老板喝完酒，到办公室看到我，就会一起聊聊。也正是这些原因，我有一种使命感，那就是把能做的事情做好。我以产品的视角，制定了三步规划：第一步，明确医药的门槛在门里，不在门外；第二步，先造血，再扩量；第三步，平台化。我还写了好几页 PPT 发给老板。但是不幸的是，次年公司资金困难，我们被迫解散。后来看 L 公司解散的原因，和大多数的互联网创业公司解散的原因非常相似，那就是没能够全视角监测公司的状况是否健康，不是资金规划没做好，就是步子太大，抑或一开始就没有调研好项目的可行性等。

我在 L 公司的时间不长，但是工作内容比较密集，感觉像是和公司一起经历了很多事情。如果说第一份学徒工作让我入门，那么这份工作则让我第一次有机会主导产品，成为产品真正的主人，有机会操盘一些决策性的事件。

总结这段工作，对我而言，发现了自己最大的问题之一就是不懂技术，这个阶段多次发生的产研之间的碰撞，让我体会到了初级产品经理最常遇见的问题，就是不被技术当回事，又无法反驳技术。这种状况的改善，是接下来我遇到的工作机会带来的。

9.3 找到自己真正薄弱的位置

离职当月，我意外地接听到一个电话，被告知周六安排了一个 H 公司的面试，做跨境电商后台。我抱着了解一下的心态如约去面试了。面试官主要负责商品系统。尽管入职之前，自己也做过商品类功能，但只是前端写死的几个商品，没有 SKU 等专业电商的概念和模式。很庆幸的是聊下来，面试官对我还是满意的，并让我等一会儿，然后叫来了终面负责人，并且最终给了我 offer。

但是因为电商不是我感兴趣的，所以我一直不太想去。在等其他 offer 的过程中又多次接到 H 公司两个面试官的电话，其中一段信息对我很大启发，在这里也分享给大家：**如果不尽早找个稍微大点的公司，一直在小公司的话，就会一直面临随时解散的风险，并且以后想进大公司更难。而大公司的好处是工作制度和团队管理可以塑造自己的规范，所做的项目通常是大项目，可以增加见识。**

事实证明面试官是对的，我也很庆幸遇到这样的贵人。初入 H 公司的时候，各端产品经理共有 88 个人。我在 PDM（Product Data Management，商品信息管理）系统做产品经理，PDM 系统算上我一共有 5 个产品经理。初见 PDM 系统时，我简单操作一番便拍着胸脯说，我两周能搞懂现在的这个系统。但是三个月后，还没完全摸清系统背后的逻辑。这才理解了为什么一个小小的商品系统，就要 5 个产品经理一起做。

入职后不久，遇到最大的问题就是需求太多，页面看不到需求所涉及的逻辑规则，文档也因为迭代太快而不完整。经过一次次文档评审不通过，我才忽然觉得自己之前做的产品工作太浅显，并且之前的开发也没有工夫给我解释或跟我讨论技术方案，这就导致我的工作一直处于盲区状态。若不是在 H 公司接触中后台，我就不会明白逻辑思维可以如此之烦琐，如此影响日常工作的推进，更不要说产品架构、需求抽象、模型搭建等的种种复杂。

这一薄弱的环节使自己在中后台产品岗位上处于危险的处境，因为如果不及时修复提升，那么很明显是无法高效为团队工作的，甚至会面临被辞退的风险。这时候我的感觉是既好奇和起劲，又着急和迫切。好奇和起劲的是理科生的思维对逻辑规则之类的事物很感兴趣，着急和迫切就是如何快速找到适合自己的工作方法论来提升自己。

怎么办呢？这时候我遇到了面试官之外的几个贵人。

第一个贵人是产品经理张同学，这个哥们性格极好，做事效率也高，从 SQL 到历史功能逻辑，都是他带着我，只要问他他都会回答。那段时间我养成了一个和上学时候一样的习惯，就把所有遇到的不知道的内容或妨碍工作的卡点，都写在自己的笔记中，然后一旦有时间就请教他，这样做的**好处是动态积累和解决问题，就像上学时候的错题集一样，是最直接见效且与工作关系最近的，可以最大限度节省精力。**

第二个贵人是技术同事，这期间印象最深的就是我一直没理解接口是个什么东西，因为自己是个代码盲。所以我和技术同事一起去外面吃饭的时候，就会问问，自己再查查资料，再想想，一来二去就懂了，懂了之后赶紧记下来。

第三个贵人是我做订单系统之后接触到的刘组长，她给我的最大帮助是要求我每天或者每周写复盘。她不要求做公司格式化的复盘，而是让我以我遇到的事情和得到的成长作为主题进行复盘，尽量写清楚来龙去脉。

那段时间通常的场景是这样的：我收到了需求，发现自己调研了一圈子，还是有很多盲区，比如该从哪个表取哪个字段（当时产品经理是要了解数据库的，因为系统过于庞大，开发无法将需求与数据库很好地融汇在一起讲给产品听，况且开发也没时间），也不知道历史逻辑，常常是搞了个方案，结果是一评审就被怼回来，然后组长帮着梳理出新的方案。

很显然，每个失误的地方，对我而言就是一个典型的高价值的案例，能看到差距，体会到改进的地方。**但是我们都是喜新厌旧的，一件事情一旦沟通清楚，情感上的高潮就过去了，很少有人愿意再复盘。**于是我跟刘组长说，要不我说给你听，不用写，我都知道了。她说不行，就是逼着我写，并且必须发给她看。

于是奇迹出现了，我发现写的时候，主要会出现三类收获：一类是沟通方案的时候大家一起讨论到的要点，而我可能这时候已经忘记了个别细节要点；另一类是我在写的时候，会举一反三自己想到一些新问题和场景；第三就是过段时间再翻看的时候，才发现自己在之前遇到过这种情况，等到日积月累线索多了，自己就串联起来引发质变，理解了新的问题。

刘组长会认真地看，还给我点评。大概四五次之后，她说自己没时间看了，让我继续保持复盘。

这个习惯我保持到了现在，让我验证了"眼高手低""不动笔墨不读书""好记性不如烂笔头"这些经验之谈，在职场的成长期是如此的适用。

如果说，第一份工作是幼儿园阶段，第二份是小学阶段，那么 H 公司的这段经历是我的中学时代。身体力行之下，我掌握了很多知识：首先是了解了技术原理，比如怎么写数据接口的需求方案、数据库的原理、数据同步的方式、微服务架构的设计等；其次是了解了行业生态，比如国外支付方式、国内外物流特点、跨境电商的自营和第三方平台优劣等；再次是了解了行业内容的一些核心的算法和模型，比如采购计划计算模型、数据决策的机制等。

但这都不是最大的收获，因为这些只是改变了工作能力，我认为最大的收获是让学习成了常态。**上班并不是把时间卖给了老板就完事了，而是在一个领域把一件事情做透彻，学到知识，感受到快乐，这样，复利就来了**。我没有自诩自己是个终身学习者，也基本不会说自己喜欢读书，但是庆幸的是自己在三十岁左右找到了成长的快乐，体会到了"行行出状元""勤能补拙"这些耳熟能详的道理。

之后我依然换过团队或换过项目，不断补充了我缺失的知识和经验，比如补齐了 O2O 国内电商、ERP 收银台、医疗健康、数据精细化分析等能力。我不断补齐缺口，同时看到更多的内容，也感受到更多的对未知的敬畏。

9.4 理解技术基本原理

产品实现过程中主要有三大主体，即研发、产品、测试。研发代表的是实现能力和技术保障，产品代表的是业务意义和需求定义，测试代表的是质量保障和评判。其中门槛最高也是最不可少的是研发。因此产品经理的修炼之路，或多或少都要对技术基本原理有所理解，不能成为完全的"白纸"。

在 H 公司的经历中，我的中后台知识得到提升，其中就包括对技术原理的理解。对于很多非技术出身的产品经理而言，这是必须搞定的。因为我是药学专业毕业，不懂编程，所以这方面对我的影响很大。

我认为理解技术原理是很重要的，尤其是做中后台，至少需要理解的是数据模型、页面加载渲染的基本原理、接口机制等。因为篇幅有限，我在这里仅以我是怎么参与第三方 SDK 选型为例，来告诉大家非技术出身的产品经理对技术需要理解的程度。

我曾经接过一个音视频类 App 项目，我们所做的这个 App，就是重组 Soul 的音视频匹配 + 陌陌的附近人 + 花椒的直播 + 抖音的小视频 + 带货。接到这个项目的时候，只给了两个月的时间，好在最终如期发布了。这就意味着大部分的核心运算尽量使用第三方 SDK，并且要综合考虑对接效率、稳定性、性价比。

对于当时的我来说，这是个难得的熟悉 SDK 的机会，因此我从 SDK 的调研和筛选就开始参与了。那时候 SDK 的提供商比较多，可以货比三家，比如向芯的美颜、腾讯的鉴黄和视频拍摄、七牛的直播……每一种方案也有不同的收费模式。如下图即为当时某 SDK 提供的功能标准截图。

版本对比

功能模块	功能项	功能简介	直播 SDK (基础版)	直播 SDK	全功能版 SDK
UI&交互	自定义 UI	开发者自定义 UI。小直播 App 提供了一套完整的 UI 交互源码,可复用或自定义。	✓	✓	✓
视频采集	屏比	支持16:9、4:3、1:1多种屏比拍摄	✓	✓	✓
	清晰度	支持标清、高清及超清拍摄,支持自定义码率、帧率及 gop	✓	✓	✓
	拍摄控制	拍摄前后摄像头切换和灯光的控制	✓	✓	✓
	水印	拍摄支持添加水印	✓	✓	✓
	焦距	拍摄支持调节焦距	✓	✓	✓
	对焦模式	支持手动对焦和自动对焦	✓	✓	✓
	拍照	支持拍摄照片	✓	✓	✓
	基础美颜	拍摄设置面部磨皮、美白、红润并调节强度	✓	✓	✓
	滤镜	支持自定义滤镜及设置滤镜程度	✓	✓	✓
音频采集	背景音乐	拍摄前可以选择本地的 MP3 作为背景音	✓	✓	✓
	变声和混响	拍摄前对录制的声音变声(如萝莉、大叔)和混响效果(如 KTV、会堂)	✗	✓	✓
	摄像头推流	支持摄像头采集直播	✓	✓	✓

参与 SDK 的初步调研和筛选,不仅是推动项目进度,同时也是了解市场技术生态的机会。为此,我先阅读了供应商的 SDK 方案文档,判断对方提供的功能是否满足产品当前的大致需求,以及未来的扩展需要。最终筛选出几个较为贴切的提供方。比如下图就是某 SDK 提供商的方案文档局部截图。

从图中可以纵向看出供应商的功能效果，这样结合自身产品的兼容性以及功能细节的契合度，从而进一步缩小待选项范围。

接下来，要做的事情是横向对比各家 SDK，择优而取。这个项目中我们锁定了四家 SDK，它们的基本版功能都是满足的。但是实现方案和细节就有差异。比如，同样是视频加贴纸的功能，某 SDK 没有编辑时间轴的功能，也就是只能将一个贴纸应用整个视频，无法实现在视频不同时间段使用不同贴纸的需求。而我们是需要这个时间轴编辑功能的。因此就将这个 SDK 的该项缺陷标记出来，并评估出自己开发所需的成本。但是这些内容并不会简单地在 SDK 厂商提供的文档中获得，而是需要产品人懂一定技术语言，从 SDK 提供的技术实现手册中查询而得。

这时候，结合各选供应商之间的口碑、价格、功能切合度，基本就锁定了一到两家方案，也就基本完成了 SDK 选型。

但是到这里还没结束，麻烦的事情还在后头。因为根据经验来看，这些第三方 SDK 往往还会在调试过程中暴露出很多急需解决的问题，甚至需要二次开发，或者自主研发一些功能加以弥补。这时候你需要明确目标与 SDK 的效果之间的差异，并输出需要补充的方案。此时就需要产品经理懂得 SDK 对接的基本实现技术方式，以此来设计对应的技术方案。

由此可知，懂一定的技术实现对产品经理来说是非常重要的。

9.5 运用项目管理能力

在一次团队分享中，我提到"各个环节需要有第一责任人，而产品经理要协调统筹全程"，这就意味着产品经理要有一定的项目管理能力。

作为对项目负责的产品经理，在具备市场分析、用户体验分析这些技能的同时，还要做一件事，就是为自己的队伍把把脉，依照自身的人力资源配置，围绕项目目标，设计出一个适合自己团队的工作流程。那么如何才算是适合自己团队的工作流程规范呢？

以十几个人的创业团队为例：首先要有一个总领性的"产品开发流程图"，让每个人知道自己应在哪一环节跟进，承上启下；其次，明确该流程的"时间节点"，这些地方是验收和交接的节骨眼。比如：

节点 1：原型上传 SVN。原型二次评审修改之后上传 SVN，并通知技术总监和 UI。技术人员和 UI 到 SVN 下载，通读原型，准备参加技术会议。UI 评估工作时间，开始切图（备注：以上一天之内完成）。

节点 2：完善需求矩阵。产品输出需求矩阵 Excel（时间紧迫的话可简化为 Excel 需求汇总表），交给技术总监，可以作为技术会议的提纲。会议中在需求矩阵上录入指派人和完成日期，交给产品经理。

节点 3：开发中的变更。若有优化和更改需求，首先在讨论组确定，然后修改原型，并更新 SVN 中的原型。每修改一处都要通知到所有人改动要点和最新原型版本号（备注：以上持续整个开发周期）。

再次，要有一个"工作重心示意图"，这对团队来说能起到提醒的作用。做完这些，基本就把流程交代清楚了。但是为了高效交流，不能少了"规范"。比如使用工具说明、原型阅读规范、命名和编号规范、文件传递规范等。

这个办法在 L 公司确实可以，因为团队就是 20 多人。我们几乎不存在跨部门协作。但是进入到 H 公司之后，情况就不同了。这是个典型的多部门组织工作的情况，首先业务和技术分开，然后业务又分多个线，技术也分多个线，所以常常需要花很多精力去沟通。这其中强势的或者有项目经验的产品经理就更容易立住脚，把事情做得干脆利落。否则就会一直处于被动处境。那么怎么解决这个问题呢？

我的经验是建议大家去学习项目管理知识体系（简称 PMP），学习后会发现，PMP 给我们产品工作提供的指导思想、工具与技术远不止 PDCA、SMART 等名词，而是让我们掌握判断事物的诀窍，并将其渗透到产品经理的日常工作以及生活中。

9.6 经验小结

对大多数产品经理而言，修炼之路不是一蹴而就的，是漫长而宽泛的。漫长在于这是一个需要由量变引发质变，且需要通过加强学习来催化的过程；宽泛在于我们需要修炼的能力很多，包括但不限于我列举的产品基本能力、技术原理理解能力等。

主人公：三爷

我的角色	工作年限	关键事件	通关锦囊
产品经理	第1年	成为项目负责人	脱颖而出秘籍
	第2～3年	第一次跳槽	跨城市跳槽
高级产品经理	第4年	细分职业方向选择	行业+岗位定位法
	第5年	职业困惑出现	思考沉淀

第 10 章　走向独当一面的产品经理

当解决了一系列新手问题，让自己成功完成从学生到职场身份切换后，我的产品经理之旅才算刚刚开始，首先摆在我面前的一道难关就是如何独立上手，去负责一个完整项目从 0 到 1 的建设。

10.1　我是如何成为项目负责人的

有过产品经验的同学肯定知道，从简单的产品执行角色成为独当一面的项目负责人，这其中的转变是非常大的，具体来说就是要求产品人能从原来的只设计产品，变为需要同时管理业务方预期，收集项目需求，定义项目范围，管理研发团队节奏等一系列复杂的工作，这对于一位产品经理来说是一个系统性的挑战，那么作为产品新人的我当时是如何跨越这道门槛的呢？

刚进入公司时，给我的定位是一个负责执行的产品经理，和我同一批成为执行岗的同学大约有 15 人。我们每天的主要工作就是根据上级梳理好的模块清单，去一步步撰写对应的 PRD。

写过 PRD 的同学都知道，只要给了规范，再经过一两次评审，写文档就变成一个体力活了，丝毫没有任何难度。因此在经过一两个月的熟悉后，我就已经玩转了文档撰写工作。

那时候我就开始想，能不能做一些更有挑战的事情，让自己能有所成长。既然自己的主要工作是撰写 PRD，而公司内部对于文档又没有非常详细且统一的模板，那我能不能去制定一份让 PRD 描述得更清楚的标准模板呢？

有了这个想法后，我开始在每次与研发的评审会上，悄悄记录开发同学讨论最多以及提问最多的内容，并去反复斟酌他们关心的点在哪儿？随着记录的问题越来越多，我开始逐渐发现他们的讨论都集中在下面三类问题：

是否设计正确：设计的需求是否正确（占比 60%）；

是否设计全面：产品模块与业务规则描述是否全面（占比 30%）；

设计是否高效：设计是否有可优化点（占比 10%）。

举例来说，在"是否设计正确"这一类中最常见的一个问题就是，在开发同学的视角中，由于是第一次接触业务需求，因此对于产品经理已经耳熟能详的业务全貌，对于他们来说却是一片空白，因此他们需要有一个全局的业务蓝图，来帮助他们理解业务价值以及你设计的出发点是为了解决什么问题。

最后在多次打磨下，我将 PRD 分为三大类，如下表所示。

个人 PRD 模板

序号	类别	内容项
1	全局描述	迭代记录
2		全局交互
3	系统规则	功能列表
4		用例
5		状态图
6		核心流程
7		UML 用例
8		系统字段说明
9		数据描述
10	界面交互	原型图
11		页面操作
12		提示文案
13		页面字段说明
14		异常条件

这一番努力并没有白费，当我将这个模板应用于自己的文档书写后，我的领导觉得我的文档自成体系，同时又结构清晰，甚至多次在团队中夸赞我的文档撰

写细致，并逐渐把我个人的规范推广到整组中。

除了不断打磨自己的本职工作外，我还是当时那群人中主动与上级沟通最多的产品经理。由于当时我上级的时间很满，经常沉浸在各种会议中，我当时选择的沟通工具就是一周一次的周报，我在周报中不断扩充板块，从一开始的本周工作总结单一模块，改造为：

（1）重点项目进度：描述近期项目处在什么节点，以及遇到什么问题，拟定解决方案；

（2）个人本周工作：描述自己本周所有工作的具体内容范畴；

（3）下周重点工作：描述自己在下周要完成的主要任务；

（4）近期工作思考：描述自己对一些工作上的建议以及近期学习的内容。

通过这样的周报，我不仅将项目的进度及时汇报给上级，同时还主动沟通对近期项目的思考，让上级能清晰地知道我近期的工作重点以及当下跟进的方向。

凭借这两点，在一个恰当的时间点，我居然成为当时校招那批同学中最快开始独立负责项目的产品经理新人。

10.2　正式独立负责项目

我第一次开始负责项目的时候，正值互联网的鼎盛时代，各家公司都开足马力去拓展业务边界，从而让自己在资本市场有更大的话语权。我当时所在的公司也不例外，年初老板宣布要投入 10 亿元加入新零售赛道，一时间公司内部各种创新项目层出不穷，商业地产、智慧停车、全商城联合会员、场地导购、门店智能收银、新零售客户端等一应俱全。而由于公司内部的新项目突增，所以我这个被领导认为还不错的"新兵"也就有了上手独立负责项目的机会。

当时我领到的项目是门店收银系统，这其中包含三大核心功能：POS 收银接入全局门店营运中心（现在也称之为中台）、门店会员、会员积分。刚一接手项目，我就立马察觉到独立负责完整项目建设与原来设计单个功能的工作流程有天壤之别。

因为在项目管理中，产品经理除了简单的产品设计外，还需要考虑整个业务体系中各个参与角色的关系。而且没有人再一步步帮你梳理流程，而是你自己要去决定这个项目怎么做、分几次迭代来实现。

这一切对当时的我来说感觉根本无从下手，我只能每天泡在门店业务方的身边,用最笨的方法,业务提一个需求,我画一个原型页面让他们确认是不是这样的模式,确认后再根据这个页面加入到需求池中,而当时由于业务人员往往都有自己的工作,比如收银、门店巡查、会籍资料整理,我只能跟在他们的后面边看边问,晚上再熬夜整理成原型,以便第二天在业务人员的工作空隙找对应的人员进行确认。

就这样在跟了业务方半个多月后,我才算逆向把我整个项目的详细需求清单整理完毕,这时我才踏入产品设计的正轨,去撰写需求文档。

经验:新人如何在职场中脱颖而出?以我个人的经历与我现在的管理工作来看就是如下三点:

(1)把自己的本职工作做到 90 分,来证明自己的价值符合岗位的要求;

(2)站在上级的视角来审视自己的工作,具体来说就是寻找哪些工作可以帮助上级更好地管理团队或者帮助团队成员改善工作流程,提出自己的看法与解决方案;

(3)不要仅满足于现有工作交付,而是主动去迎接挑战,主动去做一些额外的工作,让领导可以信赖你。

10.3 跳槽那点事儿

在产品经理的职业生涯中,跳槽是每位产品人都会遇到的,而跳槽的好与坏直接决定了你在未来的几年中会有什么样的发展。下面我来分享一下我的第一次跳槽经历。

在跳槽中,除了选择公司外更重要的是选择团队,这其中最核心的就是选择你的领导,而我们在这里要避免遇到不靠谱的领导。

经验:以我这么多年的工作经历下来,最不靠谱领导有下面两点特征:

(1)没有输入只有要求;

(2)只追求自己利益而不顾下属利益。

很不幸在我成为独立负责项目的产品经理不久后,就遇到了这样的领导,当时公司内因为组织结构的调整,一位技术领导分管了产品部,成为我的直接上级。而这位技术领导由于一直从事于技术工作,对产品团队的管理方法就是任务指派式的，从来不会给出任何建议。

同时这位领导为了巩固自己的价值，开始不让我们直接与业务方沟通，所有的上线结果都由他去进行汇报，而业务方需求也是先提到他那，再由他进行转述。这样的变化导致我们无法再去了解业务全局，从产品视角上无法再去建立起公司业务的全局认知，更不用提要利用业务价值与收益去驱动产品迭代，这对于产品的成长无疑是灾难性的。

因此在坚持了半年后，我选择了放弃这份工作，因为我清楚地认识到继续在这里待下去，对自己只有消耗不会有任何成长。于是我毅然决然地离开了。由于已经决定了要离开，我的心态也就发生了根本转变，开始迫切希望逃离现有的工作环境。但是一番寻找下来，在当时我所在的城市并没有搜寻到适合我的工作岗位，于是抱着试一试的心态，我远程面试了上海的一家头部互联网公司，结果不到一周我就收到了 offer。

虽然前期已经做了充足的心理预期，但不得不说跨城市换工作的挑战是巨大的。但是现在再去审视这段经历，我还是觉得这一切非常有价值，原因就是跨城市会让自己的机会面更大，不同城市有不同城市的氛围，同时多样化的环境接触也有助于我产生新的思考。

慢慢地，我有了这样的一个感悟：一个城市中的人才多数都是在同一个城市中流动，跨城市流动性相对就低很多了。我们可以仔细去看身边同事的工作轨迹，不难发现绝大多数的人都是从一个小城市来到一线城市，在一线城市中找到一份工作，随后似乎就像被禁锢了一样，就一直在一座城市中不断跳槽，但是从未想过换一座城市。

但是这个现象无疑给我们带来了可以与同行进行差异化竞争的能力，也就是我们可以将自己的视野放在全国的产品岗位市场，此时无疑就会有更多可供选择的职场机会等着我们。

经验：在职场中千万不要因为现在所处的城市制约了自己的选择，往往你会发现，跨城市工作会有很多意想不到的机会，而且对于工作几年的产品人群来说这个效应更明显，因此我强烈建议大家绝对不要太早就将自己定死在某一个城市，更不要过早背负思想的枷锁。

对于跳槽，在这里我还要给大家总结的另一个经验是关于如何快速融入新团队。

在我第一次跳槽的记忆中，我感觉当跳槽换到一家新公司后，我有非常大的不适应感，新的团队成员、新的产品开发流程让自己感到十分陌生，但不适应归不适应，工作还是要继续的，于是我只能硬着头皮去学会融入一个陌生的团队。

随着第二次跳槽，我开始正视我的整个跳槽过程，我发现跳槽后的新团队无非就是两种类型：

（1）一个全新组织的团队，内部有大量新人；

（2）一个"填坑"岗位，团队基本都是由老人组成。

在第一种类型中，我们通常是比较好处理的，因为大家都是新人，此时我们可以快速和周边的新人建立互助体系；但如果是第二种类型就比较麻烦了，在第二种情况中，我们更重要的是需要学会如何与老员工相处，解决所谓的老员工抱团的问题，去融入团队。此处的融入团队是指快速搞清楚自己想要的信息，并建立起信息沟通渠道，从而让自己的工作快速开展。这才是成熟产品人的思维，你更多是凭借你解决问题的能力来获得职场生存的条件。

在这个过程中，我们经常会遇到的一个问题是，与你有相关利益冲突的老员工可能会刻意隐藏相关的信息。因为他害怕你的出现给他原来的工作带来冲击，比如你抢走了他的功劳或者你让他原本可以浑水摸鱼的工作无法再继续下去。此时你的突破口在于你的领导，你需要及时识别出拒绝提供信息的关键人物，并反馈给领导，由他进行安排。

此外你还需要学会用拼图的思维，虽然这些人在和你沟通的时候，只说了一点点碎片信息，那如果你能把整个涉及该项目的关键人员都聊完，你基本上也可以拼凑出一张完整的蓝图。

因此我们可以不只针对一个人进行穷追不舍式的提问，而是向团队中的不同角色去了解信息，比如项目中的测试人员、开发人员、产品运营人员等，他们往往是产品新人获取信息的一个关键来源。

10.4 职业细分诉求

在工作了三四年，对整个产品流程与工作技能都有足够深的积累后，我个人职业发展与突破的下一步就是：我要选择什么职业细分方向去进行深入？

在我工作初期，我感觉自己就像一颗螺丝钉，哪里需要我就到哪里。因此我在第一家公司中，根据项目的需要先后被抽调去做过多个模块，做过积分管理模块,做过商品管理模块,做过订单管理模块,基本上零售后台系统都摸了一遍。

正是因为这样的经历,在我刚入行的那几年,我感觉自己作为一个产品人有个很大的错觉,就是任何领域的产品我其实都可以做,因为这些模块的示例与设计思路都可以从网上找到大量现成的行业解决方案,自己只需要经过短暂的学习就可以很方便地将这些方案"复制"过来。

相信作为产品人,我们经常会在网上查询一些产品设计的方案,以供自己参考,这无疑大大提升了我们工作的效率,并降低了解决问题的复杂度。但是你有没有深入思考过这背后的逻辑,如果当我们日常工作所需要解决的问题,在网上可以很容易就搜到完整的解决方案,并且有大量的培训课程在批量制造这个岗位的潜在从业者,此时你的岗位竞争力何在?

当时这个问题困惑了我许久,现在再回看其实只有一个解决方法,就是去选择一个细分方向,并通过数年的工作经验积累去掌握这个方向里的核心玩法,这才是自己的岗位竞争力来源。这一切都是需要你用大量的时间进行实战积累而来的,这些也都是书本上学习不来的。

经验:对于有 3～4 年经验的产品经理的发展建议如下:
> 必须要在当下自己的领域中选择一个细分方向,并开始去积累该细分方向中的各种商业玩法与核心知识,以此在未来的职场道路中建立自己的核心竞争力。

10.5 我的产品经理职业选择

在开始抉择产品细分方向时,我越来越觉得互联网正在经历一个大的变革,如果今天我们回去查阅自 2018 年以来的互联网融资情况,我们不难发现这样的一个特征:企业服务开始受到资本市场的认可,并获得了大规模的投资,也就是说为 B 端企业提供系统解决方案成为了新的风口。

究其原因其实也很容易理解,就是 C 端市场在经过过去这些年的发展后已经变得充分竞争了,市场中很难再出现现象级应用了。

大家回想下,现在自己手机上那些常用的支付宝、大众点评、美团、饿了么、微信等,都是在互联网早些年诞生的产品。而近一两年除了抖音外,市场上几乎没有什么现象级的应用了。

正是这样的现状，其背后也就代表着普通消费级市场的红利开始逐步走到了尽头，那么此时的各大互联网企业也就将目标回归到了原来不是很重视的企业服务市场上。正因为如此，资本市场才会有如此的表现。

可以说从 2018 年开始，各大企业在赛道上重新选择了为各大企业提供信息化服务。这些被服务的企业不仅仅是互联网内的小微企业，而是包含众多领域的传统制造企业，通过互联网信息技术带来的效率提升为这些企业进行原有的生产流程重塑。

再从一个视角来看，中台的概念最早诞生于 2018 年前后，也是从那时候开始整个互联网圈开始兴起一股中台的风潮，一直到今天中台都还是一个相当热门的概念。恰巧的是这个时间节点恰好与企业服务成为互联网市场新风口的同一年！

大家现在都知道中台概念在 2018 年兴起，但是大家可能不知道的是 2018 年对中国手机市场其实也是一个非常特殊的年份，为什么这么说呢？因为在 2018 年的中国手机市场首次出现了一个现象叫作整季度出货量为负增长。

这个现象意味着什么呢？其实就意味着互联网第二次流量红利，也就是由 PC 机换到智能机的移动互联网流量红利开始步入殆尽了。这也就意味着传统粗放型的业务运作模式行不通了。以往公司为了短平快上马，经常会抛弃原有的条条框框，抛弃旧系统，根据新业务的特性来另起炉灶，虽然这种方式相对于旧系统的改造来说速度快，但是成本也极高。而在流量越发稀少时候，这样的做法就变得成本更高了，因此越来越多的公司开始思考能不能让已有的现成产物去重复多次使用。

也就是说因为流量红利的减少，导致互联网获客成本提升，所以以往企业面对新业务可以不计成本进行拓新的场景已经不复存在了，企业开始想如何在新的场景中去复用之前的一些产出，从而以最小的成本去进行新业务拓展。

现在回看我当时职业细分方向的选择方法，我称之为**行业与岗位定位法**，也就是将一份产品工作的定位划分为两个部分：

（1）选择行业：零售行业、新能源行业、医疗行业等；

（2）选择岗位：商品岗产品、订单岗产品、客户端岗产品等。

首先在行业方向上，我作决策时主要考虑以下三个问题：①这个赛道需要有持续不断的信息化诉求；②有业务变现能力，而非昙花一现的概念炒作；③有国家政策支持，符合国家发展目标与方向。

这三个问题的背后其实是相同的一个大逻辑，就是这个细分方向必须有足够长的生命周期，且远大于我的职业生命周期，否则当我在这个行业干了十几年后突然这个行业没有了，那将是非常可怕的。

因此在一番思考后，在大的行业上我选择了零售行业，选择的原因也很简单，我认为这个细分行业的生命周期肯定足够长，绝对不会是昙花一现的小众行业。虽然人们对产品的需求在不断变化，但是需要购物的行为是不会变的，只要有购物就有零售这种模式存在，而且这个领域赛道足够大，可以容纳足够多的企业，并不断有新的业务模式出现，这也就意味着会不断有新的信息化诉求。

但是这里我选择的不再是简单地为某个平台型零售企业服务，因为这种业务在互联网流量增长已经封顶的背景下，是不可能再有新的大的增长了，这也意味着大型线上零售平台的企业即将迎来存量竞争。此外，单独在电商赛道其实是不够的，因为线上购物只是零售的一个渠道，不管电商怎么发展，还存在大量的线下交易，因为有很多消费场景，是不可能仅依靠电商解决的。

在识别到这样的业务特征后，在 2018 年我就选择了为零售企业提供数字化转型服务的赛道——也就是为零售企业提供全渠道解决方案的产品经理，当然现在也有一个很精练的词语——数字化转型。

我们可以看到近些年来，随着国内制造企业向自有品牌转型，如元气森林，开始拥有自己的品牌溢价，这个时候企业开始有信息化预算与需求，来实现自己对全渠道销售管理的诉求。

选定了行业后，我要做什么岗位呢？

之前已经提到我在岗位选择上就是为了选择可以去积累平台化与策略化的部分，故结合自己的兴趣我选择了商品管理领域。零售企业最核心的部分就是商品管理，当前市场中这方面的资料较少，例如：如何进行选品策略、上下架策略、汰换策略、生命周期策略，这些是很难找到公开资料的，因此我认为我的经验积累在未来将会有更大的存在价值。

而这个选择也让工作 4 年的我，正式开启了高级产品经理的职业生涯。

经验：如何判断自己工作的职业前景？从市场前景来选择自己的职业方向，判断市场前景可以从下面三个维度来进行评估：

(1) 这个赛道是否有持续不断的信息化建设需求；

(2) 该市场存在稳定的业务变现能力，而非昙花一现的概念炒作；

(3) 该方向有国家政策支持，符合国家发展目标与方向。

10.6 产品人要去混圈子吗

工作 5 年后，随着工作技能都已熟练，在那时的我开始对产品职业生涯的发展与未来产生了困惑。这其中我最大的一个困惑就是是否要去混圈子，去建立自己所谓的"人脉"。

我记得那时每天在和同事们一起吃中午饭的过程中，特别羡慕其中一位"无所不知"的同事，每当我们讨论起互联网圈内某个公司又因为某事件而上热搜时，他总能说出一个刚好在这家公司的朋友，并且能给出更多的"内幕"信息。

当时的我就感觉面前的这位同事十分厉害，做产品天天苦练写文档有什么用，像他这样人脉遍天下才对。但是在我几经周折，加了很多同行产品人的微信后，我才发现原来这些人到最后都成为了微信通讯录里的陌生人，根本对自己的发展起不到任何作用。

如果我们拆解一下，在做成一件事时，我们本质上需要两个构成部分：

（1）获取信息：帮助我们进行项目决策与辅助；

（2）获取资源：物质资源（钱、房产、原材料），知识资源（方案、知识产权）。

举一个简单的例子，你费尽心机和行业大佬认识某位大佬，并加上了他的微信，然后你能凭借这个走向和他一样的高度吗？显然这是不可能的，只有当你给他提供了同样价值的资源或者让他看到你有给他带来资源的可能时，他才会给你资源，而当你没有能力时，就算是遇到了行业大佬，他也不可能平白无故地白白送给你资源。

因此我们要做的就是自我提升，让自己变得足够有价值，能帮助他人去解决问题，这才是你真正独属于自己的"资源"。

但是这不意味着就让大家闭门造车，正常的接触还是必要的，我们不要自我封闭。圈子能提供一些有用的信息，以供自己更好地去完成自己的事情。

> **经验**：从我十余年的职业生涯来看，人脉的最大价值是建立在你能给对方提供等量的价值基础上，通过双方互换价值从而实现共赢的结果。因此如果你现在还没有足够的自身价值，请先专注于自我价值的提升，这才是最应该做的事。

10.7 修炼工具:个人产品资料库

在我个人的产品入行经历中,我认为有两个关键工具助力我成为了一名专业型的产品经理。

第一个工具我称之为个人产品资料库(第二个工具见 10.8 节)。

以我自己为例,我在设计产品时工作流是这样的:

(1) 承接需求;

(2) 从个人资源库拖到过往素材(组件、页面、流程等);

(3) 绘制产品方案;

(4) 设计产品原型(按产品进行分组存储);

(5) 提取共用组件(搜索、banner 条);

(6) 提取公共页面(登录注册页、权限设置页);

(7) 将(5)(6)步内容沉淀至个人资源库。

举个例子来说明我是怎么沉淀资料的。通常我会将日常的工作产出都记录到资料库中,具体分为复用组件、页面,复用流程,复用业务。

1)复用组件、页面

在日常工作中,我会将每次绘制原型中出现频率高的部分提取出来,形成一个组件、页面库,如下图,我在一个开源的设计组件上进行了二次整理,形成了自己的组件。每次在使用的时候只需要将该页面的组件复制粘贴到新的页面中即可。

2）复用流程

除了简单的组件与页面复用之外,我还会将业务流程中共性的部分提取出来,这样在以后的设计过程中当我再次遇到该部分流程的设计工作时,我就可以直接拿出以前设计好的业务流程进行复用。

如下图所示,就是我将常见的一些流程写在了资料库内。

3）复用业务

除了复用流程之外,我还会将日常的一些关于业务的梳理资料写入到文档中,比如下图是我之前调研 WMS 梳理的业务资料。

像这种整理的业务调研资料,我都存在资料库里面,随时可以在线打开查看,这样一来每一份工作的产出都变成我未来可以参考的历史资料,而我对业务的理解也就会不断增加。

通过这样的方式,我们既可以不断收获可复用的产品落地方案,也能将自己每份工作所经历到的业务转换成自己的业务知识。

10.8 修炼工具：业务建模能力

第二个修炼工具，也是一项产品经理的核心技能，其实就是将事务快速结构化的能力，例如如何将一个陌生业务快速拆解为细分点。

我们都知道业务的运作是相对线性的，就像一条河流一样，但是程序的设计是高度标准的，有严格要求，因此所谓的需求翻译就是将线性的业务切割为数段，从而让程序可以一步步实现。

此外无论我们换工作还是接手公司内部其他业务线的工作，一下子就进入到一个全新的业务领域，此时会产生一种面对业务的手足无措感，感觉这个业务好像是一个陌生的庞然大物，完全不知道怎么去理解业务，更别提为这套业务设计一套系统进行日常运营的管理了。

这时对于任何一个成熟的产品经理，我们的要求都是能快速响应并承接业务需求，这其实就是结构化思维下的业务建模能力。

从下图我们可以看到，软件从落地到开发实现的过程可以分为三步：

（1）选择现实世界的事件，例如买手机；

（2）分析完成这个事件需要传递的信息流程是怎样的，例如卖家提供手机描述信息、价格信息等；买家确认购物需求信息等；

（3）对这些信息流拆分出不同要素，例如有两个角色在交换信息（角色信息），信息类型可以分为输入、输出两类。

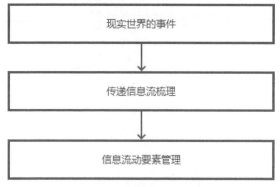

把上述过程用软件开发的术语来描述，整个软件实现过程就是下图所示的三步。

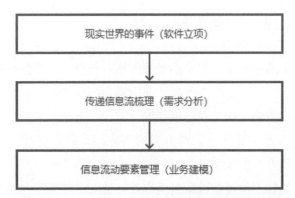

所以在日常的软件设计开发中,为了解决如何将需要管理的事件信息点进行无遗漏地定位,需要找到所有事务的信息流,并拆解出管理要素,这个过程就是业务建模。

那么究竟要如何进行业务建模呢?这里我为大家总结出一个通用的业务建模步骤:①信息流定义;②信息输入;③信息输出;④信息处理公式;⑤信息参与角色。

举个简单的例子,如果我们要处理在途库存在商城怎么展示的场景,业务模型关键内容如下。

业务模型项	拆解内容
信息输入	在途库存数
信息输出	商城库存数
信息参与角色	采购、运营

10.9 经验小结

从产品新人走向独当一面的产品人必须经过三个阶段:
(1)独立上手能负责一个完整的项目,从项目立项到项目推进;
(2)选择职业细分方向,进行垂直领域经验积累;
(3)建立个人资料库,将自我的工作经验沉淀下来,以提升工作效率。

第 3 篇　职业危机

　　本篇我们将为大家阐述在过往的产品职业发展经历中遇到的或大或小的职业危机,以及大家是如何调整并应对的。

主人公：木笔

我的角色	工作年限	关键人生事件	通关锦囊
高级产品经理	第 5～6 年	①入职创业公司，混乱中上线系统 ②构建全域系统	①调整心态，适应创业公司文化，并在混乱中拿到成绩 ②从 0 到 1 架构一套全域供应链系统
产品总监	第 7～8 年	转行做管理，担任产品部门负责人	①从专业路线视角转型为管理视角 ②管理技能提升

第 11 章　创业公司的历练，我的成长与危机

11.1　加入创业公司，在混乱中求生存

从 J 公司离开后，我以高级产品经理的身份加入了一家移动医疗创业公司 K 公司。K 公司以医药电商起家，赶上"互联网+"的浪潮，融了一大笔资金，想转型做处方药的网上经营，于是开始广纳互联网贤士，最早的互联网医院、医生在线问诊开方模式就是在这家公司诞生的，而我过往的医药物流和互联网经历，和公司的诉求非常匹配，于是在好友的介绍下，我义无反顾地加入了。

在 K 公司的近 4 年时间里，我和同事一起从 0 到 1 慢慢构建起公司全套的供应链体系，见证了公司的从兴盛到衰落，也见证了我自己的成长、迷茫、焦虑和转型。

我入职后的第一个项目，是接手公司的新 WMS 仓储系统上线，用标准化的库房规划和作业流程来替代原有粗放式管理模式。系统是找外购的成熟的产品，加上标准的流程，专业的实施团队，这么好的一个项目，在我来之前半年竟然没能切换成功，一方面原因是业务流程改动太大，现场切换意愿不强；另一方面是原仓储总监离职，新负责人由销售副总兼职，对新系统的接收受意愿不强。

我和研发负责人宾汉就在这样的背景下接手了这个项目，获得了高层在口头上的大力支持，然后领着几位刚组建的项目组成员义无反顾地扎进了仓库里。从 7 月到 9 月，为了节约时间，我们吃住都在仓库里，白天拉着业务梳理需求和流程，晚上测试和修改 bug，多数时间工作到凌晨两三点，周末最多休息一天。如此辛苦，我们获得的实际支持却非常少。

经过两个多月的需求梳理和联调测试，WMS 系统一切准备就位，我们也和仓储经理商定在"双 11"前一周切换上线，冲刺"双 11"。然而负责上游 ERP 的同事却迟迟邀请不来，临上线前一周，终于协调他的领导派他来现场待了两天，一起测了几个接口，便信誓旦旦地承诺没问题了，我开始心里隐隐发毛，有点担心，但时间已经来不及了，而且 ERP 又不在我的管理范畴，只好硬着头皮切换了。

上线比想象的顺利，第一天就扛住了一波大促考验，正在我们庆幸之余，销售副总带着三位仓库经理把我们叫到办公室开会，原来是 WMS 和 ERP 系统之间没有对接好，导致 ERP 出现了账差，影响了平台售卖，而 ERP 的同事并没有第一时间通知我们，直到事情扩大到影响到业务了才从业务侧爆发，我们成了第一责任人。

解释已经没有任何意义，我和宾汉接过所有的罪状，拉着 ERP 的同事开始对账。经过了黑暗的一周，问题还是没有解决，库存差异有增无减，ERP 同事却坚持不下去了，身体出现了异样，请了一周假去看病，然后直接裸辞了，连手续都没回来办。

从他走以后，ERP 系统成了烫手山芋，没有人懂了，最后划给了我和宾汉，美其名曰"闭环处理问题"。这种传统的 ERP 只有二次开发平台，没有源代码，如果没有相关经验，根本无从下手，即便找了系统支持方上门支持，由于对我们的业务不熟悉，效果也非常有限。为了快速解决问题，我们只能以最简单粗放的方式来解决库存差异：一旦业务告知有差异，立即做同步。但这种绕开正确逻辑的方式治标不治本，接口间的问题并没有解决，只会让库存差异越来越大，但当时我们只能别无选择。

经验：在上线之前，产品经理一定不能只考虑自己负责的领域，毕竟项目的成败是一体的，任何一方失败都会全盘皆输，我们要充分了解我们上下游的情况，一旦发现有风险，要及时通报，并及时止损，千万不要寄希望于上线以后再去解决，那样付出的代价会高好多倍。

事情的转机出现在三个月以后，晶哥入职来救火了，他是一位对这一套 ERP 开发工具非常熟悉的资深实施顾问。在快速了解了业务以后，晶哥和阿龙，全力以赴，一人负责 ERP，一人负责 WMS，开始梳理所有的接口逻辑，每天对账、改 bug、修复差异库存数……直到问题完全解决，新的 WMS 系统也开始发挥出它的威力。

经验：上线后的紧急事故如何处理？在此分享三点经验：

（1）心态很重要。遇到问题不要慌，一慌就容易乱了心神，六神无主，可能会带来更大的问题，所以产品经理一定要冷静，并且要鼓励项目组的同事一起冷静，千万不要推诿和批评，此时没有什么比找到问题并解决问题更重要了。

（2）找核心人，解决核心问题。问题一旦爆发，可能会牵连出很多问题，但往往最核心最要命的问题只有几个，我们需要冷静分析，理清脉络，找到问题的根源，并找到核心人来解决这几个核心问题。如果是线上 bug，那就找到对应模块的开发负责人来解决，如果是产品方案问题，找到对应模块的产品经理来商量解决方案，如果是业务流程问题，则找到业务负责人从流程层面解决。

（3）获取高层支持。遇到重要问题不要隐瞒，那样可能酿成大祸，要第一时间评估影响并上报，努力获取高层的支持。有了高层的支持，各协作方也会更加重视，问题解决起来也会顺畅得多，我们的心理压力也会小很多。

11.2 快速奔跑，供应链整体技能升华

在中小厂做产品经理，因为人少事多，每个人都需要身兼数职，特别是前期加入公司的人，只要我们愿意，就有足够的机会接触到更广的领域，尤其是在业务模式已经成型的中厂，既能接触到业务的广度，还能有相当的深度，相比在大厂里把拧螺丝的技能练到极致，中厂里的舞长袖完全是另一种极端的体验。

经验：做 B 端产品，可以在大厂里有了体系化的学习、打好基础后，再找个中厂横向掌握一遍全域，把自己变成既有深度又有宽度的 T 形人才，绝对是

不错的自我提升路径。

公司要发力自己的供应链体系，就一定不能再依赖之前外购的那套摇摇欲坠、一遇大促就宕机的 ERP 系统了。当高层决策要按电商的架构重构供应链系统时，一直深耕在供应链领域里的我自然成了不二人选，所以在 WMS 系统上线稳定前，我便开始逐渐切入到其他供应链体系的规划中了。基础数据中心、采购系统、订单履约系统、中央库存、配送系统、电商运营后台、商家开放系统，做电商后端和供应链的朋友们对这些系统肯定不陌生，因为每一个系统都肩负着与之对应的业务支持，我带着四五个产品经理，各自受领一块，开始了公司有史以来最大的项目群建设。

不像之前在大厂有那么明确的分工，等着业务方的需求对接人梳理完业务后，将一版逻辑完整的 BRD（Business Requirement Document，商业需求文档）交过来，产品经理再开始做需求分析，全程只需要对接那一位需求方即可。在 K 公司里，这么大的项目，没有人帮我们梳理业务流程，我们只能自己去业务一线熟悉业务，然后带着梳理完的方案约业务部门负责人进行方案确认，如此两三轮以后，便开始细化需求。

这样的做法自然是没有大厂的流程严谨，我们不可能像业务对接人一样，时时待在业务部门，所以产出的方案难免会有遗漏，靠几次会议是很难发现诸多小问题的。但是正因为这样，反而让我们养成了更强的业务同理心，一有机会，我们就会深入到仓储、物流、采购、销售、客服等业务部门里去，体会他们的压力和痛苦。一来二去，大家建立了比较好的信任，我们对业务的理解更加深入，对接过程也更加顺畅了。

经验：在中小型公司里，没有体系化的流程，产品经理经常需要承担起帮业务梳理流程的职责，这是难得的了解业务的机会，也别无选择，我们要做的就是深入到业务中去，当把所有业务细节了解得差不多了，业务流程自然就理顺了。与此同时，做大型项目重构，我们也不能只看眼前，还要兼顾未来，这就要求产品经理多和不同的业务角色接触调研，通常的经验是与高层聊战略和未来规划，与中层聊现状和实现，与一线员工聊实操和问题。

近两个月时间的梳理，业务流程基本清晰了，在确定系统架构时，我们有两个方案：一是和之前的 ERP 系统一样，做一套大而全的供应链系统，采购、物流、库存、履约都是其中的一个子模块；二是参考电商的 SOA 架构，将系统拆解为多个子系统，每个系统承接一块业务。经过分析后，我们将方案定为方案二，总共拆分出了 8 个子系统。决策的原因有两个：一是不久前董事长信誓旦旦地说半年后我们的业务要冲刺每天 10 万单，二是当时的技术中心由多个开发团队组成，涉及 Java、C#、PHP 等多种开发语言，没法统一。

这个决策奠定了公司供应链系统的基础框架，在当时业务一片欣欣向荣时，无疑是非常正确且明智的，但随着后续公司业务的萎缩，这么大的系统体系，牵一发而动全身，却成了业务想快速变道试错的包袱，想甩也甩不掉。

项目从启动到最终上线，持续了大半年时间，参与人数达 80 多人，其间历经几次业务调整和重大需求变更，项目成员都更替了好几波，延期了三次，过程之艰难完全不比 WMS 项目轻松。不过这一次我不再是一个人在坚持，我的背后是几十人的项目团队，还有 CEO、CTO 和部门总监的全力支持，身疲但心有光明，好在几位产品和技术的核心骨干一直都在，保证了项目的质量。

终于在 2016 年 5 月的第三个周二，我清楚地记得，在北京和广州两地的办公区里，履约相关的 5 个系统同时上线，一阵欢呼响彻夜空：项目上线成功了！大家一边吃着夜宵，一边庆祝新的履约系统接到了它的第一张订单。这是一张处方药订单，为它的主人送去的是康复和希望，为我们留下的是新系统的阳光启航，意义非凡。

新供应链系统在性能和操作便利性上都较老 ERP 都有了极大的提升，在经过了一个月的爬坡以后，全面接手自营业务，开始在业务的舞台上绽放它的光彩，也见证着业务的起起伏伏，直到今天。这是我工作多年以来操刀的最大的项目，正是在这段从 0 到 1 的经历，让我跟着业务部门一起深入地参与了公司业务流程的重组，构建了自己的供应链全域知识体系，从基础数据建档，到采购、仓储、配送、财务，以前很多的孤岛，现在都串联起来了。

在与各个部门的合作过程中，我理解了我们所有的人虽然工种不同，但都在从事同一件事，目标都是为了降本增效，理解了供应链就是要全局最优而不是单点最优，更加理解了供应链协同的价值，唯有合作才能多方互赢。同时，我还感觉到这是一件很难的事，因为每个部门都有自己的立场和利益诉求，我们产品经理不能只站在系统的角度思考问题，因为很多问题系统解决不了，还有些问题，不用系统也能解决。

经验：对于很多核心业务领域，比如供应链、订单交易、支付、客服等，每个公司并不会有太大的差异，如果我们想在某个领域里深耕，可以找一个不大不小的公司从 0 到 1 经历一遍，把所有的坑都踩一遍，这些实战经验才是最宝贵的。

11.3 倦怠期的机遇，从专业路线走向管理

如果一直按照既定路线走下去，也许在入职 K 公司后两年左右，我就会选择离开了，这个时候系统已经基本搭建成型，足以满足公司未来 5 年的发展诉求，我自己想学习和见识的业务也都了然于心了，而公司业务却一直停滞不前，不如老板们画的饼那样光彩夺目。回顾产品经理这一路走来，自己的专业技能好像已经到头了，往上走没有机会，也没有人引路，保持现状更不可能，年龄的增长会大幅抵消我经验的增长，那时的我，深知"逆水行舟，不进则退"的道理。在 30 出头的黄金岁月里，于我自身发展而言，确实没有必要在这里继续虚耗时光。

但人生总会在不经意间给我们设置一些障碍和意外，让我们有机会去尝试一些新的体验。我的意外来自于部门产品总监大飞哥的离职，他拿到了更好的 offer，跨越城市去了杭州做大厂总监。整个后端产品部被交接给技术总经理（后来晋升为公司 CTO），他同时还是一位金牌技术讲师，大家都尊称他为曲老师，他自己没有产品团队的管理经验，希望在团队里挑一个有潜力的人辅助他将产品部门接起来，我们就在这样的机遇下有了正式交集。

曲老师给我讲了很多他过去带团队的经历，用他的真诚感召着我。在他极富感染力的号召下，我接过了橄榄枝，决定用半年时间来验证一下他是否真如所说的那样真诚。于是，我向他提了两个诉求：一是我们需要产品经理的自由，不能完全以技术的标准来衡量产品经理的产出；二是我自己管理经验不足，难免犯错，如果做得不好，希望他能及时指正。曲老师欣然应允，并为我推荐了几本管理书籍方便我入门。

做部门管理以后，我的大部分精力被用在了处理部门间的关系、维持团队稳定、部门预算、员工关怀、绩效考核和统筹规划上。平时自己要以身作则，传递正能量，即使心中多有不爽，也不能在下属面前表现过多，以免大家猜疑，经常

还要刻意和以前关系最亲近的同事保持一定的距离，以示对其他人的公平。在做绩效和调薪时，不能凭主观判断，更不能只论功行赏，更多的时候，是要兼顾公正和公平。

总之，做管理后，我考虑最多的事情就是平衡，平衡部门间的利益、平衡上下级、平衡员工之间……曲老师对我委以重任，为我升职加薪，我得到了自己向往的职位和满意的薪水，却仿佛慢慢失去了自由和自我。我必须得把自己最擅长的产品设计工作全权交给下属，逼着自己不再过问细节；原本心直口快的我，也不能像以前那样直言不讳地肆意吐槽了。

刚开始时，我以为做管理就要远离专业性，只能管人不能再管事，后来我发现管人的目的也是为了把事做好，像产品总监这种岗位，在别人眼里，本来还是专业岗位，我不能失去了自己赖以生存的本领，只是我不能再凡事都亲力亲为，而是要学会安排手下的资源，给他们空间。

刚开始时，我以为做管理就是要一板一眼照本宣科，后来我发现最好的管理方式就是要因人而异、因事而异，激发每个人的潜能。

经验： 管理路线和专业路线是两种不同的工作思路，一旦我们走上管理路线，就要摒弃之前的专业路线的习惯，学会向上、向下和横向管理。管理不是目的，而是手段，管理也没有严格的标准，目的是带领团队更加高效地达成业务目标。

在公司业绩不理想的焦虑时期，我带着大家忙时打仗闲时练兵，有项目时全力以赴，项目不忙时轮流分享学习，外面纷纷扰扰，我们安之若素。在两年时间里，我们做出了不少成绩，部门里的核心骨干也都工作稳定，并都得到了客观公正的回报，大家相互信任，相互帮衬，一路前行。

11.4 迷茫，不得不面临的十字路口危机

在K公司的最后半年里，系统依旧稳定，但有些事情，大家虽然表面不说，但从每个人的情绪里却能明显地感觉到担忧，那就是公司的发展，这是我们不得不面临的问题。两年时间里，业务烧了很多钱却没有任何起色，业务团队走了一波又来一波，高层之间明争暗斗无休无止，互联网大环境持续回落，融资越来越艰难，我们迎接了一波又一波的投资人，却始终没听说资金进账，整个公司自上

而下都弥漫着一股焦虑的氛围。我不得不开始思考自己未来的方向，如果公司不行了，我们这帮人该何去何从，我自己又该何去何从？

从年龄上说，此时的我，已经 33 岁了，即将面临 35 岁中年危机，在公司的这几年时间里，虽然成长很多，但毕竟是创业公司，远离了大厂光环，再出去面试还有优势吗？

同时，有几个大厂朋友在招人，一直想拉我过去，如果自己就这么去了，对自己口口声声要求稳定的团队，对一度信任自己的曲老师，都算是背信弃义吧，这是我自己不能接受的。

在技能上，已经做了两年管理的我，要继续走管理路线吗？虽然有两年团队管理经验了，但自己越发觉得自己更喜欢沉浸在各种流程、逻辑和规划的海洋里，只有在讨论需求的过程中，我才能感受到自己的价值和存在。那么就做回产品经理吗？自己年龄越来越大了，而且两年没有写过详细需求了，再做回一线产品经理，心态上会极不平衡吧……

我试着向几位朋友求教，每个人给的答案都差不多，基本都是自己的路还需要自己去走。

11.5 经验小结

1）入职创业公司的经验分享

T 形能力模型是比较理想的产品经理能力，即我们既要具备一定的广度，又需要在某几个方向上有足够的深度。在大厂可以增加我们的职业深度，而去创业公司可以接触更广的业务。如何在流程和制度都不健全的创业公司里生存和成长，分享几条经验：

（1）创业公司不像大公司那样制度健全，我们总会遇到很多无奈和困难，却缺少支持。这时，一定需要有一颗坚韧的心。

（2）核心系统的上线，一定要争取到公司高层的全力支持，并且高层要给予足够的支持，不能只停留在嘴上，而是要落实到项目里，落实到系统上下游的所有相关方，否则一方掉队整体失败。

（3）在业务面前无产研之分，也没有系统边界之分，对他们而言，出了问题，都是技术部内部的问题。所以少狡辩多承担，我们唯一要做的，就是目标一致，解决掉业务的问题。

（4）不论大公司还是小公司，有人就有纷争，我们无法逃避，唯有面对。如果实在无法面对就趁早离开。

2）专业路线还是管理路线，该如何选择

随着我们的经验和阅历的增长，总会面临继续走专业路线还是管理路线的选择，因为每个人的经历、规划和特质都不一样，不会有标准答案，我们需要对我们自身的情况做综合评估，然后再做出选择。

走专业路线的优势是可以在一个行业里专心地深耕，不断地积累自己的业务水平和产品技能。走管理路线的优势是可以接触更多的人（尤其是高层），掌握更多的信息，也能够调动更多的资源推动工作，但管理路线需要更多的资源分配能力、情绪管理能力、团队管理能力。如果你喜欢专心钻研业务，不喜欢处理复杂的人事，那么更适合走专业路线，如果你擅长向上向下和横向管理，并能够整合和调动资源，则更适合走管理路线。

另外，我想说的是，在产品经理这个职业体系里，无论是专业路线，还是管理路线，我们都不能脱离产品经理的专业性，这是产品经理赖以生存的根本，如果管理者不懂产品思维，是很难带好产品团队的，也很难跟对口的业务方达成共识。

主人公：薛老板

我的角色	工作年限	关键人生事件	通关锦囊
高级产品经理	第3~5年	负责核心业务模块，打磨产品方法论	不抱怨，只为成功找方法；注重沉淀和积累

第 12 章　第一次职业困惑以及我的思考

12.1　第一次跳槽的决策逻辑

从百度离职之后，我最终选择了京东这家公司做电商业务。那时电商行业就是阿里京东的双巨头时代，阿里的市值稳居互联网前两名，京东的市值排名也已逼近百度，而拼多多还没有发展起来，更没有现在如日中天的抖音电商。

当时为什么选择电商呢？

首先电商的本质是交易，交易其实就是买卖，我们生活中无时无刻不在发生交易，也不可能离开交易，所以我认为电商行业一定是一个长盛不衰的行业。

其次，电商公司非常多，方便后续跳槽。综合电商有淘宝、京东、拼多多等；二手电商有咸鱼、转转等；跨境电商有天猫国际、京东国际、洋码头等；奢侈品电商有寺库、珍品网等；潮流电商有得物、nice 等；精品电商有小米有品、网易严选等；母婴电商有宝宝树、妈妈网等；直播电商有抖音电商、快手电商……以上都是电商公司，除此之外大家也可以看到很多公司虽然不能称之为电商公司，但是也都有电商模块，比如得到商城、KEEP 商城等，这些产品 App 从定义的角度并不属于电商，但是电商模块依然是该公司重要的收入来源，依然是需要电商产品经理的。

再次，我在百度做 O2O 业务，从本质上来说 O2O 是五种常见的电子商务模式之一，阿里和京东采用的模式是 B2C 以及 C2C，虽然模式有所差异，但是技能要求上是通用的，所以我求职电商产品经理并不算换行业，我之前的工作经验依然可以复用，这样我求职成功的概率会非常大。

最后，个人认为电商业务是所有产品形态中逻辑最复杂的，包含订单系统、交易系统、促销系统、仓库管理系统、物流跟踪系统、商品管理系统、采购系统等，电商产品经理不光对产品思维、产品技能有很高的要求，同时对于电商业务也需要有很深刻的洞察力，所以整体门槛也会更高。而任何岗位门槛高，意味着稀缺，意味着更高的议价权。

所以我将目标锚定到了电商行业的"翘楚"——京东。

经验：有工作经验之后跳槽需要考虑的因素跟选择第一份工作时需要考虑的因素类似，但不同的是在跳槽场景下需要更加注意以下几点：

（1）要去寻找刚需、高频、人群覆盖广的业务方向，而不是被媒体炒热的概念方向，当某一天热点褪去，盲目地追热点很可能导致失业难就业的问题。

（2）要善用工作经验的"复利效应"，如果过往的工作经验跟应聘岗位匹配度高，自己的能力模型可以完全复用，则有助于获得更高的薪资待遇，所以作为产品经理不建议大跨度地跳槽到一个陌生领域。

（3）要尽量选择门槛高、稀缺度高的产品岗位。

12.2 内推，跳槽必须重视的求职渠道

有了目标之后我采用了多种方式投递简历，其实最有效的方法是内推，也建议大家后续跳槽的时候重点考虑这种方式。为什么内推是最有效的呢？下面我从内推对于招聘方以及求职者两个角色的好处说起。

从招聘方的角度来说，首先内推是一个性价比很高的渠道，虽然内推成功后会给内推的员工奖励，但是整体费用支出要比猎头低很多；其次，内推渠道收到的简历质量相对更高，有句话叫作"近朱者赤"，如果公司的员工整体很优秀，他们身边的朋友大概率也会很优秀；最后，内推因为有共同的好友关系，也更有助于招聘方从内推人这个渠道更全面地了解候选人。

从应聘者的角度来说，内推可以大大提升求职成功率。

首先，如果求职者仅仅通过网络招聘渠道获取招聘信息，其实很难了解到这个岗位的真实情况。比如有些企业本身并没有招聘需求，但是也会挂出招聘广告来了解市面上某个岗位的人才情况；还比如有些企业明明已经确定了入职人

选，甚至候选人已经入职了，但是依然会挂着招聘信息来多收一些简历，以防入职的候选人不过试用期，无法继续在公司工作，这样可以尽快启动下一轮招聘，等等。

所以作为求职者对于这些情况并不知情，就会导致花了大量时间投了很多简历，但是收效甚微，白白浪费时间，但是如果通过内推，就不太可能出现类似的情况，因为帮你内推的人一定对于他们公司的招聘岗位情况是了解的，他也一定不会推荐实际上没有在招聘的岗位给你。

其次，内推可以提高简历通过率以及缩短求职流程。如果求职者是通过网络渠道投递的简历，按照公司的正常招聘流程第一步 HR 要进行简历筛选，如果这一轮被筛掉，那肯定不能面试了；第二步 HR 筛选通过后，还会进行业务面试官的筛选，如果这一轮挂掉的话你依然拿不到面试。

但是如果通过内推投递简历，大概率是可以进入面试的。如果直接找人内推简历到 HR 手中，筛选环节，为了不打击内部员工推荐简历的积极性，一般会比其他渠道相对宽松一些，看起来勉强能及格的简历，HR 也会直接通过并发给业务面试官。如果直接找人内推简历到业务负责人手中，可能就直接就安排面试了。

比如我的部门要招聘，如果我的手下员工给我内推一个他的朋友（这样可以直接绕过 HR 的简历筛选，缩短一步流程），首先他会跟我说一下这个朋友的工作经历以及优缺点，这是我除了面试之外了解这个候选人情况的核心渠道。如果感觉还比较匹配，我会直接安排面试，就算有时候不太匹配，我一般为了照顾内推人的面子也会给一个面试机会。

最后，内推还可以提升面试成功率。因为面试官会更认真地对待面试。有过面试经验的人都知道面试场景纷繁复杂，很可能在面试中因为几个问题发挥不好，让面试官产生误判，进而失去耐心，认为求职者并不胜任正在招聘岗位，进而错失机会。但是对于内推渠道的求职者，面试官一方面在接受内推的时候就已经通过推荐人了解了求职者的一些情况，天然有更多的信任；另一方面为了照顾同事的面子，会在面试过程中展示出更多的耐心，为了避免误判，会多问一些问题，并给求职者更多表达的机会，从而提升面试成功率。

所以奉劝大家：**在跳槽的时候一定利用好自己的人脉，抓住内推这个关键求职渠道**。我当年其实也是通过内推的方式非常顺利地进入了京东。

经验：如何维护好自己的人脉资源呢？在这有几点经验分享：

（1）同校校友资源：特别是跟自己做同样岗位的学长学姐、同学、师弟师妹等，一定要多参加所在城市的校友会活动或者联谊活动；平时也可以相互请吃饭，多走动。

（2）自己的同事：研发、UI、测试、运营、项目经理等同事，只要是一起共事过就一定要维护好关系，以后不管他们跳槽到哪家公司，都可以帮助我们内推。

（3）自己的领导：作为产品经理一定要有很强的向上管理能力，要跟自己的领导搞好关系，他们的人脉资源一般更加强大。当你想跳槽的时候，可能领导的一句推荐就能让你轻松拿到不错的 offer。

12.3 如何在被动局面中破茧成蝶

入职京东之后，我所在的部门属于核心电商业务。在京东内部首页—搜索—商品详情页—购物车—结算页—收银台—订单中心称之为"黄金流程"，是用户下单操作的核心主路径，黄金流程的整体转化率提升是我们部门的核心指标。

我负责的业务是店铺页优化，核心目标是提升店铺页面的转化率。说实话我负责的不算非常核心的业务，因为店铺不属于黄金流程的一环，而且每次组会进行工作汇报的时候领导对店铺数据也不是很关心，就算自己做得再好对领导来说也没有太大的差别。

经验：这就是为什么建议大家选工作时一定要选核心业务的原因，因为领导更关心，有了业绩更容易被领导重视，那升职加薪肯定少不了你。

刚开始其实是对产品总监的工作安排稍有微词的，但后来我发现也没有特别好的办法，因为我来的时候核心业务板块已经不缺产品经理了，没办法只能静静地等待机会，我立志以后一定要去负责核心业务模块。所以日常工作中，我除了完成自己的本职工作之外，会主动找核心模块的产品经理咨询问题，有时候他们下班晚，我会主动过去问一句："有什么需要我帮忙的吗？"偶尔有些小需求他们也会让我帮忙处理。

除了负责店铺相关的工作，总监中途还给我加了一项额外的工作，那就是整理每日的用户反馈。本质上工作很简单，就是每天整理一下后台的用户反馈，然后针对有疑问的点，进行用户回访，去问用户到底遇到了什么问题，是我们系统的问题还是用户操作的问题。如果是系统存在的问题需要及时反馈给对应模块的产品经理跟进解决，如果是用户操作层面的问题则需要耐心地指导用户进行正常的操作，并将该问题反馈给客服进行话术优化。忙完上面这些之后，我还要写一个整体情况汇总发给总监。

工作内容重复还不是让我最痛苦的，令我最痛苦的是：这个工作需要每天晚上 8 点下班以后做，因为后台系统是晚上才能查看当天完整的反馈内容，所以等我电话回访完并且写完总结至少晚上 10 点才能下班。而且由于是晚上打电话回访，有些用户已经休息，接起电话后态度极其不耐烦。所以在最开始的时候这个工作让我非常崩溃，我认为这件事体现不出我的能力，感觉自己做的事情没有价值而且会"浪费"非常多的时间，所以我偶尔也会跟同事抱怨。

但是有一次跟一个关系很好的同事聊起此事，他的一句话让我瞬间打开了心结，他说：**既然这件事是你必须要花时间去做的，你没办法逃避，那为什么不想办法把它做好呢？**

工作中抱怨是没有意义的，抱怨是无法改变自身处境的。所以我开始认真地对待这项工作。心态调整之后，我发现做这件事其实非常有价值。这件事加深了我对用户的理解，以及对于电商业务的了解，这个工作为我以后接手核心工作打下了良好基础。

比如有的用户会问："为什么我的订单找不到了？"这时候为了更好地解答用户的问题，我会大半夜给负责订单的产品经理打电话请教订单的逻辑；有的用户会问："为什么我的优惠券领取不了？"这时候我又需要给促销系统的同事打电话请教促销逻辑……三个月下来，其实让我对于订单系统、促销系统、交易系统、会员系统、商品管理系统等有了比较深入的了解，让我开始对电商业务建立了宏观的认识，让我知道了电商各大系统之间是如何交互联系的。

经验：抱怨工作永远是最无能也是最无力的做法。于公而言，既然需要有人去做，那就说明这件事对公司是有价值的，你在为公司创造价值；于私而言，在工作中你做过的任何事，一定会在未来的某一刻给予你事业成长所需要的养分，所以你也是在为自己创造价值。

此时，恰巧有一个负责购物车的同事要离职，那就空出一个招聘名额。这时候我认为自己机会来了。我主动找到产品总监申请接手购物车业务。

站在产品总监的角度其实有两个选择，一个是对外招聘，比如从阿里或者其他电商公司招聘一个做过购物车业务的产品经理，如果是招聘阿里的人，业务能力肯定不会差而且可以快速上手，但是肯定也会非常贵；如果是招聘其他电商公司的人，由于他们的购物车业务的精细化程度肯定没有京东高并且对京东的业务熟悉度不高，其实并不算是一个很好的选择；第二个选择就是内部提拔或者内部转岗的人，这种方式对公司业务的熟悉度肯定是最高的，但是如果没有负责过购物车模块，需要一点时间去熟悉购物车的逻辑。

我经过缜密分析之后，发现我的竞争优势非常大，应该算是总监最好的选择。首先，虽然我没有直接负责过购物车的产品工作，但是关于购物车相关的所有 PRD 这半年的时间我都认真学习过，并且也帮负责购物车的产品同事处理过几个需求，所以对购物车逻辑的熟悉度是没问题的；其次，与购物车相关的系统主要有商品中心、促销系统、库存系统、订单系统、会员中心、推荐系统等，而这些系统的交互逻辑我在做用户访谈的时候都有涉及过，所以对业务的了解我也是可以的；最后，公司非跨城市的内部调整都是不调整薪资的，所以我的性价比也是很高的。

所以跟总监聊了半个小时左右，就成功敲定后续由我负责购物车相关的工作，重新招聘一个人来负责我当前做的工作。

12.4　第一次职业迷茫以及自我救赎

做了购物车之后，自己的工作变得越来越受领导重视，那种感觉还是非常好的，感觉自己不再是一个"边缘人"。但是做了一段时间我就慢慢发现：在京东商城做核心业务，和之前在百度做创新业务的巨大差异。在百度我进入的时候，如果按照产品生命周期定义是产品的启动阶段，产品经理负责需求挖掘、需求定义以及产品整体框架的搭建，做的大多数功能都是必备型功能，那种从 0 到 1 的感觉非常好。

而我进入京东的时候，属于京东移动端的快速成长期，首页、搜索、商品详情页、购物车、结算页、收银台、订单中心等核心模块的基础功能已经相对完善，作为产品经理能做的更多是不断挖掘用户期望型需求，要想实现较大的突破是比较难的，核心业绩指标的提升也变得越来越困难；而且在这个阶段因为 GMV（Gross Merchandise Volume，商品交易总额）的增长成为整个公司的核心指标，所以经常会有大量的业务需求对接，每天非常忙碌，但是感觉产出非常少。

所以在这时候，我开始出现第一次职业迷茫，我的职业生涯该如何发展？我该去往哪里？

对于产品经理的职业生涯，大概分为两条路。**一条是走专家路线，也就是在一个垂直领域内深耕，最终成为领域专家；另外一条就是走管理路线，也就是带团队带业务**。结合自己的性格分析以及大学期间的经历，扪心自问我是不喜欢专家路线的，我更擅长带业务，短期内会选择走管理路线，去深入接触业务，之前宏哥也跟我聊过他更推荐产品经理在中远期去接触业务。长期也许自己骨子里还是要去创业的，但是短期内自己的能力还没达到或者没有好的创业方向，一定还是要在职场的。

想通这一层之后，在京东我需要做什么开始变得异常清晰，我要去全面、系统地掌握电商业务，因为我以后要走管理路线。

电商业务纷繁复杂，而购物车只是其中一环，如果只了解购物车的逻辑，对于电商业务来说只能是管中窥豹，很难有全面的了解。因为不想走专精的专家路线，所以全面、系统地了解业务的最好方法就是去亲身负责多个系统，这样对业务才更有经验。所以在京东的这几年，我先后负责过购物车、商品详情页、搜索、结算页和收银台，也算是对黄金流程的各个环节我几乎都负责过，而每个前台核心模块都对应多个电商后台系统的支持。在最开始做用户反馈工作的时候，我可以说已对各个系统比较了解，但是自己真正做过之后，我才敢说自己对各个系统深入掌握。

在这几年的工作中，我不光对电商业务逻辑有了全面的了解，而且随着负责模块数据指标的提升，自己在公司的职级也一步步从产品经理向高级产品经理甚至资深产品经理跃升。在百度虽然宏哥很信任我，对我非常放权，但是本质上自己还是一个偏产品助理的角色，很多核心工作依然是需要在他的指导和辅助下完成，但是在京东我一直都是独立地负责各个模块，遇到任何问题都是自己想办法解决。

12.5 战略级项目的操盘流程

在京东做了这么多项目，其实我最引以为豪的还是**京东支付占比提升项目，这是一个战略级项目**。我个人认为，在大公司实现从高级产品经理到资深产品经理跃升最好的途径，就是一定要至少负责过战略级项目并取得理想成绩。

当年这个项目之所以会成为战略级项目主要有两个原因：第一是京东那一年跟腾讯的合作合同快到期了，而京东平台上用户使用微信支付的占比非常高，如果不合作了会极大地提升公司成本，提升京东支付的占比会极大地降低支付费用成本。第二是为了大力发展京东金融跟蚂蚁金服抗衡，而金融业务的拉新有一个非常大的难点就是用户绑卡操作，这应该是整个金融业务中用户操作成本最高的一环，但是在商城的收银台，用户为了下单而进行绑卡变得异常通顺，所以提升京东支付占比将极大地降低京东金融的拉新成本。基于以上两个原因这个项目成为了战略级项目，而我自己也非常有幸去操盘这个项目。

这个项目前前后后做了半年多，因为复杂度非常之高。首先，我对京东收银台支付行为进行分析，从性别维度、地域维度、客单价维度等来分析京东支付用户和微信支付用户的差异。其次，进行定量调研并按照各支付方式影响因素对问卷人群进行聚类分析，将微信支付用户分为 5 类：爱优惠、谨慎型、巨习惯、零钱多、刷卡族，并针对微信支付用户的典型特征思考转化阻碍点和转化机会点。

微信典型用户	转化阻碍点	转化机会点
爱优惠	下单渠道不固定，优惠触达难	优惠吸引，灌券&结合常购品类发放优惠券
谨慎型	没绑卡或绑的卡不常用，绑卡意愿低	吸引绑卡：设置绑卡刷卡福利；加强安全感知；其他业务转化绑卡，推荐理财保险业务
巨习惯	有固定的行为习惯，唤醒难度高	合适的刺激吸引+简单的转化步骤，内容类、活动类、参与类等均可
零钱多	商城消费是微信零钱花出去的重要场景	结合场景，大额商品购买时可转化为白条用户；小金库理财吸引存储资金
刷卡族	优惠敏感度一般，基本需求已满足	引导开通白条，培养白条信贷的习惯；吸引绑卡，转化为京东支付用户

再次，针对用户的行为特性划分为未绑卡用户和已绑卡用户，每一类用户继续进行细分，从而思考精细化运营转化的思路。

最后，根据前期的分析形成整体的思路：①对微信支付忠诚用户引导使用京东支付；②对未绑卡用户引导绑卡并完成首单；③将已绑卡用户培养成京东支付忠诚用户。并针对每一条思路输出最终的细化可落地方案。为什么将以上项目规划过程中的详细思路分享出来，是希望处于类似阶段的朋友可以有所借鉴。

初步方案的输出大概用了一个月的时间，然后还有层层评审和汇报，从总监到高级总监最后到 VP，在不断汇报的过程中各位领导给出了非常多中肯的建议，有了建议就要不断地优化方案，虽然过程很痛苦，但是也给了我一个更高的视角看待这个业务。而且这个过程是非常有必要的，因为后续项目落地的时候需要多部门的配合，必须有领导层的首肯。这个汇报的过程持续了一个多月，从这个地方也可以看出大公司和小公司做事情的差异。小公司领导层级少而且业务量小，所谓船小好调头，所以决策效率非常高；但是大公司一方面领导层级多，每个领导的行程安排都非常满，需要提前预约，另一方面大公司用户体量大，任何的改动都会牵一发而动全身，所以任何决策都会非常谨慎。

方案最终敲定之后，开始进入项目落地阶段。这个项目总共涉及的人员包括研发、UI、测试、产品有 100 多人，而且这些人分布在不同的部门项目组，不仅包含商城的人还涉及京东金融侧的支持，每个人的任务都很满，需要协调所有人的时间，项目管理难度可想而知。所以很荣幸能在京东这个体系负责这么大的项目，对我个人能力是个挑战，但是同时也让我的能力有了进一步的跃升。

12.6 工作五年后该如何凤凰涅槃

在京东工作三年后，最终我还是打算离开了。

想要离开的契机是跟自己偶然认识的一个朋友的长谈。对当时的我影响最大的是一席话是"你现在做了购物车，做了结算页，做了收银台等模块。接下来你的规划是什么呢？在京东体系下再去做一个其他模块吗？这对你来说顶多是已有能力的扩展，想要产生能力提升的质变是不可能的！你要想的是放大自己工作的价值，去接受更大的挑战，比如输出经过验证的、可行的产品方法论去指导业务的发展。"

所以对于工作三五年的产品经理，不要一直做重复的事吃老本，要想如何放大自己的工作价值，去影响更多的人。

回想起来，在百度期间是我产品方法论的萌芽期，更多的是被动接受百度产品的工作方法和流程；而经过在京东这几年工作的洗礼，取长补短，让我开始形成自己独特的产品方法论，并经过大量项目实战的验证，发现这套方法论是可以指导实践的，是确实可行的。所以这时候我萌生了自己去独立带一个业务的想法，因为在自己长远的职业规划中也是要走业务管理路线的，但是这个想法在京东这种成熟的公司很难实现。

经验：如何认识行业大牛朋友？有两点经验分享给大家：

（1）多参加行业会议。有些比较牛的产品经理工作 3～5 年就已经在垂直领域内小有名气，就会被一些中小型的行业会议邀请当嘉宾，如果有这种机会一定要跟其他大牛嘉宾维护好私人关系。

（2）即使不跳槽也可以多面试。如果投递较高端的岗位且自身能力较出众的情况下，一般最终都有跟大厂的产品总监、中小厂的联合创始人或 CEO 面试交流的机会，通过这种方式也可以交到业界大牛朋友。

12.7 经验小结

在这个阶段，刚工作时的新鲜感逐渐褪去，随着接触的行业、公司、业务越来越多，大多数人会出现职业迷茫期，到底想要什么？到底要往哪里走？这个答案该如何找寻？我的建议是**先向内求，再向外求**。

首先，我们要向自己的内心去寻求自己想要的，可以自己反思一下自己大学时代做的事情以及过往的工作经历，看看自己到底喜欢什么擅长什么，一定不要人云亦云，适合别人的不一定适合自己；其次，一定不能闭门造车，要多找行业前辈咨询、沟通，所谓"听君一席话，胜读十年书"，前辈的"一席话"是多年经验的总结，在我们迷茫困惑的时候是可以帮我们指明前进方向的。

主人公：Kevin

我的角色	工作年限	关键事件	通关锦囊
高级产品经理	第 4 年	项目工作失败	主动学习和总结
	第 5 年	复盘思考	领悟过往的经历

第 13 章　产品经理的工作流程

13.1　工作的固定流程

产品经理工作年限越久，我越发现产品经理的工作其实是固定流程。产品经理工作对接的上下游是固定的，不管你是 1 年的产品经理还是资深的，都会对接设计师、开发、测试以及运营，一个产品的诞生所需要的多个环节，在顺序和对接内容上都是固定的。

我们可以将产品经理的固定工作拆分为 6 个步骤。

第一步：需求调研，了解到任务的描述和背景；

第二步：产品设计，做产品方案和原型设计；

第三步：UI 设计，做产品原型的设计图；

第四步：研发，做产品的具体开发，包含前后端、算法；

第五步：测试，产品研发的功能验证；

第六步：上线，可以灰度发布也可以全量发布。

所以掌握对固定流程的操作和把控，才能减少产品工作的问题。

13.2　洞察真实的需求

1. 需求调研的迷茫：找不到正确的方法

做产品经理，曾经我一度找不到需求调研方法，就感觉到非常迷茫。没有办法把需求的边界搞清楚，做的产品设计都通过不了需求评审，被老板连续否定。所以掌握一个简单有效的需求调研方法是十分有必要的。

在市面上产品经理常见的需求方法是 5W 需求方法,包含了 Who、When、Where、What、Why。

Who:需求利益相关人,我们按照需求的生命周期流程来分类,包括购买者、管理者、使用者、评估者,评估者一般是政府机构、第三方咨询公司、各类组织等。

When:需求相关的时间,这里可以指季节,如春夏秋冬;也可以指作息时间,例如白天晚上,所有和时间相关的信息都属于此类。

Where:需求相关的地点,这里可以指国家,也可以指场所。

What:需求的最终输出,即客户希望得到什么东西,例如一份文件、一个报表、一辆车。

Why:需求的驱动力,即客户为什么提这个需求,客户的问题在哪里。

用这个固定的方法我们再看下我在产品工作中怎么运用的。

有一次,我接到了一个任务,需要做智能门店,能够让门店可以为用户提供从线上预约、线下就诊到健康管理服务的流程,我知道一个门店涉及运营部门、市场部门、销售部门,所以就需要熟悉各个部门的业务知识。那么作为产品经理的我就需要和需求方依次沟通了,运用 5W 方法就可以做下面具体的执行工作。

Who:给诊所门店运营、医生、市场销售人员使用。

When:在年底发布会前完成上线。

Where:深圳的线下门诊店。

What:能够采集一个病人在门诊的各个检测环节的数据,同时在用户手机 App 和管理系统上查看。

Why:门店信息化,不需要纸质办公,同时方便评估门店的运营成本和管理成本,计算 ROI。

通过 5W 拆解,我们可以将需求调研要做的工作快速以需求池方式罗列出来,同时提前设置好需求的数量和复杂度,保证产品研发的工作成本控制在一定范围内。

2. 纠正需求方向:评估需求的价值

在完成需求构建后,我们还要评估需求的价值,我建议可以用 4 个步骤做需求价值评估。

第一步:了解业务所在的行业和赛道规模大小。

每个赛道的市场份额是不同的,市场份额越小,那么产品越不需要创新,只要满足用户需求即可，不需要做太多的创意，因为用户本身使用产品的数量就少，那么就更不要考虑分流，让用户变得越来越少，提供用户核心需求即可。

第二步：了解同行业下市场上的竞品是什么。

每个赛道都有竞品，竞品是一个指示灯，我经常给团队说，不要只是觉得别人做了哪些功能或业务，要考虑别人为什么没有做？是因为没有想到，还是别人已经尝试了发现不好做，才放弃的。

我们主要集中在同一个市场赛道的竞品调研即可，尤其是如果项目比较着急，从 0 到 1 的时候，往往这类性价比是最高的。

通过了解竞品，大体搞清楚我们的产品应该包含什么服务、功能，同时方向有哪些，再进行梳理。

第三步：拆解竞品产品的共性功能和特色功能。

在赛道相同的情况下，产品的用户画像是大体一致的，衍生的用户需求也是相近的。比如做餐饮的门店系统，可以拆解同类餐饮门店系统的功能模块，也可以找几个图书、医疗门诊系统作为参照，找到门店系统里在不同行业下的共同功能，以及特色功能。

B 端产品所特有的业务功能就是企业的核心竞争优势，比如医疗门诊系统的电子病历和客服系统的会话质检，就是特色业务下的功能。

第四步：把方案告知各方。

通过以上 3 个步骤，其实我们基本上知道了要做什么，以及系统、功能设计的难点和逻辑顺序，但是由于我们并不是系统的运营、业务人员，我们只能说这些功能是合理的，但是真正好不好还要看业务方接受与否，因此要带着疑惑和自己的方案去和业务方沟通。

13.3 开发实现

产品设计的最后一步就是开发了，实际上许多小团队会加上测试，但是不少团队仍然会边开发边测试，因此我们可以把开发和测试合在一起作为一个步骤。

产品经理和程序员沟通，就像感性和理性的碰撞，之所以开发是产品设计最后的步骤，是因为通过一行又一行代码，我们才能得到想要的产品，才能真实地感受到用户是否会按照自己设计的路径进行使用。

在最后的开发环节里，会要求产品经理把需求讲清楚，我们在前面的环节，只是输出了大概的原型设计图、需求文档,但百密一疏,开发人员在阅读文档、查看原型时总会有理解不了或者产生歧义的地方,这时就需要产品经理补充解释了。

13.4 经验小结

(1)产品研发的工作流程是固定的,产品经理也有固定的上下游。

(2)对于需求方要用 5W 方法和 4 个需求评估来得到需求的可行性和价值。

(3)对开发要以理性的角度做产品设计,通过字段、逻辑和流程、角色和对象来完成感性产品设计的理性拆分。

主人公：赵老师

我的角色	工作年限	关键事件	通关锦囊
高级产品经理	第 5 年	发现和优秀者的落差	不气馁
	第 6 年	焦虑和怀疑	年龄和经历会治愈一切

第 14 章　正视产品生涯中的危机

14.1　深度思考

我在做订单中后台的期间，有一次接到了一个刷数据的需求，结果被开发斥责了。事情是这样的：业务人员在订单系统操作错误，要求刷数据，将订单的购买数量从 5 改为 1，因为实际购买和发出去的确实是 1 个，但是系统显示是 5。刷完之后，还要还回去 4 个商品的库存到仓库系统。实际就是买 1 个写了 5 个，就会导致库存记录减少，甚至造成缺货，误导销售。

因此，我当时给的方案就是两步走：第一步刷数据，第二步重新同步库存。我开心地将方案交给了开发。但开发驳回了，并斥责我："你想好了再给我，你这个有问题！"

我琢磨半天没起色，于是厚着脸皮找张哥。他看了问题一会儿后说：

首先，我们思考下，商品已经发货，就算数据刷了 1 个，系统也不一定会重新同步到仓库库存的，因为这是个逆向的流程，系统是否支持呢？万一库存更新规则就是规定订单出库之后，库存就不能逆向更新了呢？因此需要查一下到底是否可行，如果不行，就要找仓库系统看是否能自己刷回 4 个。

到这里其实还不够，他接着说，为什么仓库实际发货了 1 个，到订单系统就变成了 5 个。究竟是付了几个的钱？是不是这个数据流就不合理？

在张哥的启发下，我去问了业务人员，这才知道原来这是虚拟发货的，也就是货物不是我们仓库发出去的，而是第三方平台帮我们发的。订单信息只是在做后置的数据流完善而已：在数据流上我们要做到同步，因此就要手动创建订单，系统会扣除库存，并同步给仓库。这样更新后的数据在系统中才是准确的，才能为前端（第三方网站）提供准确的数据展示。

于是我们就明白了：因为是虚拟订单，所以发货出库的数据要手动录入。业务人员手动创建订单的时候把 1 录成 5 导致错误，系统自动按照单价 * 数量得到了总金额。因此不仅要刷数量还要更改总金额。

我赶紧把这个需求重新写了一下，清晰地描述了背景和解决办法。给到开发人员的时候，这次他没斥责我，而是点点头，开始处理。

后来的工作中我发现遇到这类问题的时候，往往业务人员知道得很少，完全靠产品人员引导才能找到问题的核心。而业务人员一开始说的原因，往往并不是靶点。这就需要产品经理主动进行深度分析。

经验：工作 2~3 年的产品经理可能还不明显，但是工作 4 年左右的产品经理如果还不能具备深度思考的能力，无论从事什么行业，处理什么问题，一定会遇到职业生涯的危机。

14.2 大环境的危机

2021 年的一天，有两个产品朋友和我联系，一个说自己拒绝了金蝶的 offer 很后悔；另一个说想离开蚂蚁金服，但不知道该去哪里。言语中都透露着工作动荡带来的困扰和不安。

大约 2005 年之后，许多优秀的毕业生都会选择去互联网公司。互联网的红利带动了人才红利，人才红利也挖掘了互联网的红利，最终涌现出了很多世界级规模的产品。此后每年都有大量的新人，通过社招或校招的方式，涌入产品经理赛道。

然而，当我们把探照灯指向现阶段，会发现互联网行业和产品经理的市场已经发生了很大变化。究其原因，少不了一点是可以被创造的行业已经差不多了，现在互联网都是巨头天下，产能缺口在逐渐缩窄。

但是大环境带给产品经理的危机感，并不会影响有准备的人。互联网不会消失，只是在寻找新的发力点，比如产业互联网、物联网等。以 to B 产品为例，相对而言，to B 是保守但稳定的业务方向，这个需求永远存在。所有企业发展越好，业务规模越大，这方面的需求就越强烈。此外，大企业也不会像 to C 产品一样只有一两家幸存，仅互联网就有很多企业和很多业务足够大，所以岗位容量多，选择丰富。再者，做这些工具产品的方法和原理也比较相似，经验价值有一定可迁移性，所以如果离开一个大企业，还能去另一个大企业。

所以，面对大环境的变化，从目前来看，可以做一些倾斜，关注互联网做to B产品是求稳的产品经理一个不错的选择方向。

14.3　35岁的大龄危机

对多数人而言，继续拼搏在一线城市的唯一理由就是35岁之前的人脉和工作经验的积淀。面对年龄危机，我们要思考的其实不是产品经理35岁还能做什么，而是干不动当前工作的时候，我们能做什么？

记得中学时候看过一个插图，叫作《此处无水》。结合这张图和这几年的感受，我认为对产品经理而言，尤其是30多岁的，我们考虑更多的不是随时准备逃跑，而是专注于如何提升自己，如何保持进步。

人的精力是有限的，横向的精力花费太多，什么都做，对普通人而言往往是什么都做不好。而纵向上，只要向一个方向不断深入锻炼和提升，通常是可以小有成就的。

大龄意味着新的困难，但也是新的分水岭和突破口。对这种危机感应当客观应对。

产品经理能力模型的关键点在于对自身能力的认知，从而更好地明确自己的职业目标和努力方向。

如果你现在还是在做基层的产品工作，对自己能力感到满意和自信，那么你就去挑战更高一个层级的职位和平台；如果你对自己能力感到不满意，那么就去努力提升；如果你感觉自己被年轻人的思维碾压，那么试试转到后端产品或更加垂直的行业或产业中，或者转到技术型产品，甚至转到项目经理。

结合我了解的几个产品经理朋友在35岁行动轨迹，分享几个应对危机的建议。

1）结合个性，转后端产品经理

三十岁的Z从C端产品经理被迫转岗到了后端产品经理。转岗后，Z没有消沉，反而逐渐踏实了。因为他在这个年纪，逻辑性强是优势，又有开发背景，因此比他做 C 端容易了些。Z 的案例就是不跳出行业，而是结合个性在细分场景找到新的发力点。

2）结合专业背景，转工业互联网

过去我们认为，一个比较聪明的人，哪怕没有专业背景，只要凭着对互联网产品的热爱，愿意深入用户需求，结合自己的创造性思维，就有机会设计出用户喜爱的产品功能。

但是在"互联网+"提出的这些年里，只有真正懂得产业背景的产品经理才是赋能产业经济的核心。在科技加持下，产业思维更提倡"供应链、效率和资本"，是用互联网的技术和资本去打通和链接产业上下游。需要以产业思维视角，去关注整个产业链的逻辑关系，关注整个产业链里面的供求关系以及实现的细节，关注资本、技术、流量对这个产业的助推作用。

这样的属性就给了产品经理应对 35 岁危机另一种方案，那就是回到自己属性的行业或产业领域从事产品经理。很多产品经理本身就不是计算机信息类的，因此可以重新拾起自己在传统行业的知识，做售前、信息顾问、需求分析师等，都具有得天独厚的优势。

3）结合技术，转技术型互联网

一些互联网公司相对而言，不需要那么多技术团队，比如滴滴的第一个版本是外包的，淘宝网的第一个版本是买的源码修改的，这都不太影响它们成长到目前这个体量。

而另一些模式是需要技术驱动、需要技术创新的，比如搜索、云计算等。那对云技术而言，我国目前云渗透率还处于较低水平，还有很大发展空间，整个云经济未来将迎来持续增长。科技互联网时代，技术本身就是壁垒，先掌握技术的人就会有着先发优势。

对人工智能、AR、5G 带来的颠覆，无疑是一个维度新高；技术本身就是壁垒，先掌握技术的人就会有着先发优势，但随着时间的推移，这些优势会被逐渐地拉平。当大家技术都差不多的情况下，拼的就是产品了。

这种现象给我们的启发是，对于对技术感兴趣或擅长的产品经理，可以发挥自己在技术方面的优势，针对偏技术型的产品，比如云服务、云存储、AI 算法等方面继续深挖，挖出不一样的事物，从而找到一条相对不太拥挤的且自己有所擅长的产品经理细分方向。

4）结合统筹思维，转项目经理或 HRBP

这一步是我认为的兜底方案，那就是做项目经理或 HRBP，不过前提是自己要有这方面的见解。

14.4 经验小结

事物的危机和破局是可以相互转化的。我过往也遇到过这种危机，比如思考不深入、年龄危机等。我通过提炼危机的核心影响因素，寻找解决方法，最终化解危机，取得突破。如果您在工作中遇到类似的问题，也可以借鉴上述案例的方法。

主人公：三爷

我的角色	工作年限	关键人生事件	通关锦囊
高级产品经理	第 6 年	职业倦怠期	下定决心改变赛道
		第一次裁员	提前做好准备，在工作中积累可以跳槽的能力

第 15 章 产品经理的职业危机

15.1 工作熟练后的职业倦怠出现

在工作多年之后，我才觉察自己是一个喜欢不断接受新鲜事物的人。

于是在我对产品工作轻车熟路后，慢慢地我对工作的心态也发生了变化，开始出现倦怠感。原有的产品工作似乎对我来说开始变得熟悉且单调，每天甚至每年的工作都是类似的：差不多的需求调研，差不多的产品设计，差不多的技术评审，在一阵喧嚣中最终完成从原型到功能落地。

同时随着工作年限的增长，我开始觉得产品经理很多时候并不拥有最终决策权，很多时候需要兼顾多方的利益才能有一个达成共识的方案。而这也就意味着自己天马行空的想法很多时候不得不向现实低头。

我清楚地记得，当年在做一个线下门店管理店的功能中，原本计划是对接第三方收银 POS 系统的接口，从而可以实时获取销售数据，并可以监控门店库存水位，进而实现门店实时自动补货。但是当我就该方案和门店的主管进行沟通时，该方案却直接被否决，而且对方不同意对接第三方收银 POS 系统。而这背后的原因竟然是：这样的方案极有可能导致原来专门进行门店数据采集的数据员被裁撤。

生活不像电影，没有任何故事反转，最后我只能按照业务方的要求执行，也就是那一刻，让我感觉原来产品经理这个岗位的光环开始褪去，产品经理只是公司中的一个"普通人"。

面对一成不变的工作，我在 30 岁那一年步入了产品经理的职业倦怠期。

我是怎么走出职业倦怠期的呢？

我开始去涉猎各种社科类与商业人物传记类的图书。直到有一天，我无意间在某本书中读到一个理念："做天花板高的行业，才会有更多的机会与机遇。"

那一刻，我突然有一种"醍醐灌顶"的感觉。我当前的工作现状是在一个很成熟的市场领域——商超零售管理，因为是 100% 纯线下业务，这一整套运作体系都已经非常成熟。因此每一个信息化功能，都意味着影响无数岗位的工作范畴，甚至可能是岗位人员的利益，因此在这样的环境中任何过于"激进"的想法都被视为不合理的，根本没有任何落地的机会。

反观如果在一个高速增长的行业中，企业的目标都是快速扩张，去占领更多市场，也就是注意力是在企业外部，而非企业内部。

因此我给自己定下了一个目标，必须要进入到当下最活跃的赛道中，进入可以直接触达终端消费者的电商市场，去感受扩张型企业的工作氛围，去释放我的工作激情。

很快随着自己的一连串面试，我成功从实体零售换入了电商赛道，果然如我原来所想，这里更多追求的是快速解决问题，对于解决方案的自由度有很高的灵活性。

而就在我走出了职业倦怠期，以为可以有一番作为后，一连串的职业危机开始出现。

15.2　第一次遭遇裁员

就在我职业生涯的第 6 年，我第一次遭遇了互联网公司的裁员。虽然之前也多次听朋友说过裁员的经历，但是到了我真正亲身经历时，感觉完全不一样。

现在回看我当年所在的公司，裁员原因也很正常，前几年公司为了快速扩张去开展某个新业务，并希望这个业务能给资本市场讲好故事，从而争取上市后获得更好的市值。但是在几次努力后，最终冲击上市失败，没有从市场融到钱，为了继续存活下来，公司只能开源节流，削减整个公司中支出成本最大的研发成本。

我记得当时最开始的裁员是从开发岗位裁起，因为在一家互联网公司中开发岗位的人数往往是最多的，按照一般互联网公司产研人数配比，一位产品经理大概对应 6 位开发人员，当然这里还不包括测试人员。

裁员最开始是在每个项目组减人，每个组按照比例都减少一到两名开发人员，后来演化成了个别项目组全体裁员。

当时的我刚听到这个消息是很恐慌的，毕竟在这里工作了一年多，公司的工作流程和身边的同事都已经非常熟悉，突然要走出去面对新的陌生环境，一想到这些当时的我就感觉有些许心慌。

在经过几晚的思考后，我不得不直面裁员现状，摆在我面前的选择其实有两个：

（1）主动争取裁员名额，获取赔偿刚好换一家公司；

（2）主动承接空缺的工作，让自己干 1.5 倍的工作，保住自己的岗位。

不久，很多在公司内工作 5 年以上的"老人们"就有了统一选择，他们纷纷选择了第二个选项，也就是在不加工资的前提下，主动接受新增加的额外工作。

这背后是一个残酷的事实：在互联网行业，如果你的年龄已经到达 35 岁左右，能力又没有明显长处，很难会有新的机会供你选择，因此对他们来说离开这里就很难下家。

而我当时选择了主动接受裁员名额，而之所以敢这么做是因为我当时预留了部分资金，专门应对这种意外。

经验：在裁员标准流程中，是根据你所在公司的时长赔偿 N+1 个月工资，如果你工作了 2 年那么这个 N 就是 2，再加上 1 就应该赔偿 3 个月的工资。而我当时只在那家公司待了一年，因此最后只拿到了 2 个月工资的赔偿。

15.3 经验小结

在亲身经历了一次裁员后，再回看这件事给我最大的启示，就是我们要不断增强自己的能力，从而让自己随时具有跳槽甚至转行的能力。让自己可以不依赖平台，打造独立个体，并且我们要正确地认识到每一份工作都是在为自己的工作，我们获得的报酬不仅仅是给你的工资，这份工资还给你提供了可以去磨炼自己技能的机会。

第4篇　职业破局

在工作了近10年后，大家进入了职业发展的瓶颈期。本篇我们通过描述自己过往经历中遇到的危机以及这个危机所带来的挑战和困难，并为大家介绍我们自己是如何走出职业瓶颈，实现个人发展突破的。

主人公：木笔

我的角色	工作年限	关键人生事件	通关锦囊
产品总监	第 8 年	从 J 公司离开，重新出发	①开始写作，总结过往 ②带领团队学习
产品专家	第 9 年	入职 D 公司，作为产品专家，再次从 0 到 1 搭建起一套体系	①回归到自己喜欢的行业和赛道 ②突破产品思维，建立起运营思维，打开了自己的视野

第 16 章　两次心态升华，助我突破 35 岁危机

16.1　与其终日迷茫，不如做点什么

2018 年，在 K 公司的最后几个月，坏消息一个接一个。首先是 P2P 行业暴雷，牵连公司融资受阻，业务开始大面积收缩，公司开始裁员；接着几名核心高管离职，群龙无首，动荡不已；最后财务出现问题，总监级以上开始延迟发放工资……公司到了生死边缘，我们这个团队该何去何从？未来我该走管理路线还是专家路线？现在出去找工作，我的优势又在哪？这些问题每天都困扰着我。

思考来思考去，我终于想通了两个道理：

第一，不管未来如何，自己在供应链领域里摸爬滚打这么多年积累下来的经验，决不能轻易丢掉，况且自己又这么喜爱这个领域，所以自己的专业一定还是要锁定在 B 端供应链。

第二，无论是管理路线，还是专家路线，都是要建立在我们的专业性之上，因为产品经理也好，产品总监也好，我们存在的价值还是要以产品思维为业务解决问题，脱离业务只懂管理的人是很难带好产品团队的。所以不管未来怎样，我还是不能丢掉产品经理的专业性，那是我赖以生存的本领，也是我自己的强项和爱好。

那就做点什么吧！

日常工作之余，我一边带着团队学习分享，一边开始自我总结，在好友杜松的几番鼓舞下，我开始尝试将自己在供应链领域里的所做所学总结成文，以故事的形式对外输出，这便诞生了我的微信公众号。

写公众号的初衷纯粹是为了自我总结，却意外地收获了比自己预期更多的东西。可能是供应链领域产品经理系列的文章比较少，又或者是故事的阅读性较好，文章阅读的人数还不少，持续有新粉丝关注，先是周围的朋友，接着是朋友的朋友。后来我在产品经理社区发表的一篇文章更是短期内就获得了 30 多万次的阅读量，更有很多朋友打赏催着更新，虽然金额不多，但这份鼓励足以让我兴奋，让我坚持，我知道这数字背后是一片片真诚的欣赏。

更加欣慰的是，我还因此认识了很多的朋友，一群来自天涯海角的网友在群里交流各种话题，相当活跃，一起成长的感觉是相当美妙的。虽然后来我的工作强度比之前大了好几倍，但还是会抽出时间来学习和输出。

16.2 繁华落幕，迈向新征程

在 K 公司业务持续半年没有突破以后，该来的还是来了。公司由于融资没能及时到位，资金链断裂，出现了自成立以来最大的财务危机，生死一线，不得已，老板做了最悲壮的决策：裁员三分之二。

公司近千号人，只保留了广州总部不到三百人，作为成本大户的北京技术中心被直接关停，我们几位部门负责人，念着这几年在公司的成长和领导对我们的栽培，尽职尽责到最后一刻，一边辅助公司办好手下员工的离职流程，一边为员工寻找新的工作机会，当送完最后一个人以后，再为自己送行，心里五味杂陈。

很庆幸自己提前半年开始准备，经过一个月的面试，我还是收获了 4 个 offer，大小厂都有，综合考虑后，最终入职了一家专业对口的移动医疗公司 D 公司，担任总监。

16.3 高开的起点，低走的结局

在 D 公司，新的产品部副总和我年龄相仿，也是因为关注了我的公众号，对我的专业性比较认可，希望我在 B 端和供应链方向和他互补，所以入职以后，我们很快就建立起了信任，并达成了默契，我带着另外两名产品同事开始了为期两个月的高强度工作，从 0 到 1 搭建起了一套互联网医院的前后台系统，颇有成就。

熟悉的行业和模式，新兴的赛道，充足的资金，领导的信任，更幸运的是不久后 K 公司的几位同事也相继加入了，一切都朝着好的方向发展，我以为自己一定可以在这里做出比 K 公司更大的成就，于是我倾尽全力，跟着业务跑市场谈商务，代替业务做产品推广，自发挖数据研究业务增长点，只要是能够让项目好的事，自己都愿意主动承担，完全没有把自己限定在产品经理的领域里。

然而现实总是不尽如人意。懂互联网医疗的朋友都知道，医生群体是需要强有力的医药代表团队做维护和推广的，需要比较大的人力投入，但我们的项目预算有限，所以项目上线推广的情况并不太理想，很长一段时间用户数都维持在两位数。

业务开展得不景气，加上新旧两派之间纷争不断，我根本无法正常地沟通，身心俱疲。慢慢地，我的一腔热血就被消耗殆尽了。

回顾自己这几个月，除了工作不如意、不开心，还有一个很重要的原因，那就是自己慢慢偏离了自己擅长的领域，而在一个不擅长的领域里挣扎彷徨，这与自己的职业规划是相悖的，如果再这样下去，我就与曾经坚定要为之努力的方向南辕北辙了。于是，我毅然向上级递交了辞呈，即便百般挽留，连副董事长都亲自找我谈话，我还是坚持离开了，想要寻找一个更适合自己发挥的平台，在我喜欢的供应链领域里继续深耕。

16.4　再次突破自我，直面 35 岁危机

后来经老友推荐，我以产品专家的身份入职到了某垂直领域头部电商 Z 公司，公司的供应链履约业务刚刚起步，百废待兴。因为不再做管理，远离了管理上的繁杂和纷争，这便给了我足够多的时间和精力，一门心思深扎到业务里去死磕。在之后三年时间里，我带着几位小伙伴再一次从 0 到 1 完成了公司整套供应链体系的建设，设计的框架和 K 公司比较类似，过程却比 K 公司顺畅得多，因为业务方和我们的年纪、经历相仿，大家很多理念高度一致，配合力度自然就高很多，又没有历史牵绊，基本可以按照我们的设想实践。加上公司对这一块的重视和投入，这里的系统比当年 K 公司建设得更加合理先进，我在奉献的同时，也收获了很多，见识到了更广的天地。

当系统框架搭建完成以后，我们又在业务的牵引下，开始向数字化转型，通过用户反向驱动供应链体系升级，在这个过程中，自己有幸从零开始参与到业务运营里去，和业务方一起体会用户痛点，然后找问题，寻求解决之道。慢慢地，自己也从纯系统化思维里解脱出来，学会了思考业务的本质和产品经理的价值。我深刻体会到，无论是业务方，还是产研部门，大家都要为最终业务负责，在业务面前，并没有高低先后之分，不能创造价值的业务、系统和技术都是无法立足的，而作为产品经理，我们的价值就是为业务系统化解决问题，和业务一起创造更大的价值，除此之外，其他都是小事。

在 Z 公司里，我平安地度过了自己的 35 岁危机，没有遭遇中年裁员，工作上与周围的同事和平共处，还获得了额外的涨薪机会，闲暇时看书、写公众号、陪伴家人，体会着岁月静好。

可能有读者朋友会问，难道在 Z 公司就没有烦恼吗？

怎么会没有呢？并不是 Z 公司比 D 公司相比有多么好，而是自己学会了调整心态。Z 公司的业务和 K 公司的业务比较类似，系统也都是按照我的规划思路搭建而成，只是这一次更加轻车熟路，所以系统建设上并没有太多值得大篇章分享的故事，但在 Z 公司里的两次大的心理障碍突破，对我自己突破 35 岁危机是有极大的帮助的。

第一次心态调整是刚入职 Z 公司的那几个月，自己从总监沦为没有职级的大头兵，带着仅有的一位同事搭建供应链履约系统架构，周围的人都不知道我们在忙什么，连与我们对接的技术团队都不知道我们项目的价值是什么，常常被挑战和质疑。每次开会汇报工作，我这块也总是匆匆略过，领导也提不出什么问题和建议，我们形同空气一样，难免有落差。为缓解郁闷情绪，我们俩经常去楼下的园区散步聊天，绕着园区一圈又一圈地讨论方向，当时，我给自己设定了一个两年的期限，我们用两年时间证明我们的价值，如果两年后我们还得不到重视的话，那只能说明这个公司不值得我们待下去了。

这个期限设定很有用，之后我把姿态放得极低，不停地跟项目组的研发领导、测试领导去讲解我们的思想，用他们能听懂的语言去描绘供应链的伟大蓝图，让他们意识到这件事可以给公司带来价值，并帮他们升职加薪。与此同时，我更加用心地做好业务方提出来的每一个需求，建立良好的对接通道，手把手地帮他们解决业务难题，同时还找一切能够推广系统的机会，让其他业务团队接入我们的中台。就这样一步一步，终于让我们的系统和项目团队在公司里站稳了脚跟，撑起了全集团的业务，自己的价值和认可度也在一个又一个项目中发挥出来，个中辛酸，只有自己能体会。

经验：产品经理如果进入一个各方都不了解你的环境，想要建立起自己的影响力，可以从三个方面入手。

一是向上汇报，找各种机会让你的领导知道你在干什么，传递你创造的价值，周会、周报、常规规划汇报会，都是你的机会；

二是为业务方排忧解难，尽可能多地贴合业务，为业务方带来更多价值，让你的业务方对你产生依赖和信任，他们会帮你传播你的口碑；

三是搞定你对接的项目团队，技术团队通常需要拿项目价值去述职，你需要不停地给他们传递项目带来的价值，让他们知道在做一件对公司和对自己都很有价值和希望的事，这样大家相互成就，他们会更加支持你。

第二次心态调整是在 Z 公司工作两年多以后，核心系统已经搭建完成了，业务却遭遇寒冬增长乏力，业务方也没有太多需求可提了。我们做了大半年的系统内建工作，然后又开始迷茫了。

我开始思考自己的去留和发展问题了，如果不能持续产生价值，公司自然也不会白养闲人，说不定下一波优化裁员就会降临，而我自己已经到了 35 岁，外面的大环境比 2019 年更加寒冷，真是去留两难。

我的转机出现在公司开始重视口碑和成本，新入职了一名顾问 W 先生，他成了我的新领导，和他共事的过程中，让我意识到我们的业务往后发展，一定要去贴合用户和指标，我们需要有运营思维，才能更好地用系统为业务赋能。W 先生牵引着我们从用户视角出发，通过指标驱动业务增长，并送给我一本《拆掉思维里的墙》让我学着突破。书的内容偏心灵鸡汤，对我触动不大，但用户和运营思维的灌入，让我如沐春风，找到了新的努力方向。于是我迅速调整，带着项目组和业务一起为指标负责，拉通 OKR 目标，一起努力攻克一个又一个难题，最终拿到了不错的结果，大家的合作也更加默契了。

经验：高阶产品经理不光要有系统思维，还需要具备一定的运营思维。能够把项目从需求分析推进到上线，是系统思维，但如何让项目在上线以后，各项指标运行得更好，并持续优化，这是运营思维。如何培养运营思维呢？可以分为三步：

第一步是梳理项目的核心指标，搭建起一套能够反映业务问题的指标体系；

第二步是挖掘核心指标，找核心问题；

第三步是针对核心问题出具解决方案，并协调资源解决问题，解决问题的思路不再局限于系统本身，而是从各方找最优解，经常不动系统也可以解决问题。

K 公司的经历是我从成体系的大公司到创业公司的又一段人生旅程，在这段旅程里，我历经艰难，尝试了专业岗和管理岗的多重角色，实现了产品经理业务视野和思考深度上的进阶。

对于业务经验，我的脑海里构建了一幅连起来的地图，知识不再是一座座孤立的小岛，我更加愿意到需求的源头以业务的视角去体会业务，再和业务一起探讨解决方案，而不再被动地等待业务把需求提出来。

对于产品技能，我不再只甘于做一个单纯的系统建设者，而是把身心与业务看齐，通过运营和数据意识驱动系统建设，让技术同事的每一行代码都更加有价值。

16.5 经验小结

每个人在每段时期都会遭遇不同的危机和迷茫，心态是关键。我有一些方法和经验同大家分享共勉。

首先，无论是产品总监岗，还是产品专家岗，只要带"产品"二字的岗位，都要求我们有专业输出，并没有纯管理的岗位，往高阶方向走的产品经理，无论是走管理路线，还是走专家路线，都要基于自己在产品方向上的专业性来解决业务问题，区别只是你自己做，还是安排下属做，所以任何时候，都不要脱离了业务和自身专业性。

其次，产品经理的不同阶段要求的产品技能不尽相同。在初级时，我们关注文档和原型；中级时，我们关注系统设计和项目推进；高级以后，我们应该更加关注价值和业务模式。但不论哪个阶段，结构化思维、同理心、责任心这些基本素养都是最重要的。

再次，高阶产品经理需要虚实结合，从实践中理解业务，此为实，透过表象提炼精华，此为虚。我们不光要解决业务问题，还要善于将业务场景抽象化，形成通用的产品模型去反向服务于业务，这就要求我们永远不要放弃自我迭代，多见识，多总结，多思考。

最后，永远不要忘了产品经理的价值所在，我们不是在做系统需求，而是在解决业务问题，用户视角、运营思维、数据意识和 ROI 意识是每个产品经理创造价值必不可少的技能，并且受用终身，不论哪行哪业，也不论 B 端还是 C 端，这些技能都越早掌握越好，它们是我们开启世界大门的钥匙。

主人公：薛老板

我的角色	工作年限	关键人生事件	通关锦囊
资深产品经理&业务负责人	第5～10年	独立带创新业务	选择做可以让能力提升产生质变的工作

第17章 摆脱迷茫，工作5～10年后如何不断向上突破

17.1 选大公司还是小公司的"时机"逻辑

想好从京东离开之后，我其实有两个选择：一个是去大公司做创新业务；一个是去中小型公司带业务。对于第一种情况，大公司的创新业务一般还是会由内部的人挂帅担任负责人的，除非是空降的人在该领域有很强的知名度，但是自认为当时的自己是没有达到那个水平的；第二个选择相对容易实现。首先本质上中小型公司很喜欢大公司出身的产品经理，大厂出身的产品经理有成形的产品方法论以及丰富的项目管理经验，可以帮助中小型公司提升产品经理的整体能力以及优化流程；其次身边也有非常多的从大厂跳槽到小厂做业务负责人的案例。

经过慎重选择，最终我选择了一家在线教育领域的中小厂，我入职的时候工号为00136（公司第136号员工，算非常早期了）。虽然公司员工规模不大，但是当时已经在垂直领域做到了第一，非常厉害，经过短短几年的发展，公司已成功上市。

很多人可能会好奇：为什么我没有去一家电商公司反而去了一家教育公司？

首先，从投资的角度来说，在线教育行业大都实行预收费的商业模式，其现金流、投资回报相对稳定，投资风险相对较低，因此从2014年开始迎来风口期，成为整个互联网最热门的投资赛道；其次，经过分析发现2014年以来，国内在线教育市场规模与用户规模双双保持较高增速；再次，个人认为教育行业是一个可以抗通缩的刚需行业，即不管经济形势如何变化，用户在在线教育的投入几乎不受影响，这一点在婴幼儿教育以及 K12（kindergarten through twelfth grade，学前教育至高中教育）领域表现得尤其明显。最后，在线教育从本质上来说也属于电商，跟电商有类似的属性，只是售卖的是虚拟服务，所以我之前的行业经验是完全可以复用的。

面试过程也比较顺畅。一面是一个高级产品经理，工作经验挺丰富的，但也许是没做过电商业务，所以全程都是我在说，她在听，然后很顺利地通过；二面是公司合伙人兼产品团队的负责人，腾讯出身，也是我日后的直属上级。这次面试有点像朋友间的聊天，氛围非常轻松。重点探讨了京东支付占比提升的项目，并且针对项目细节以及项目效果进行深挖，他应该感觉我回答得还不错，最后就开始跟我讲公司的愿景以及未来规划，我就知道面试稳了。

我所面试的公司核心业务是成人职业教育，并且已经成为垂直领域线上第一名。核心业务比较巩固之后，打算在新的一年开始新业务的探索，期望形成协同效应并且不断地提升公司整体的 GMV，这其实也是大多数互联网公司比较共性的路径选择，所以才开始招聘比较有经验的产品经理带业务。而且跟我说新业务主要做成人英语业务，核心指标有两个：用户量和营收。最后问我的期望薪资，我在京东薪资基础上乘以 1.8 倍报给他，领导也没犹豫直接答应了，足见其诚意。直属领导面试结束之后，简单跟 HR 聊了一下，当天下午就发 offer 了。

说实话，接到 offer 之后我也没犹豫，因为这家公司也是我心仪的公司。在面试之前我已经通过各种渠道对这家公司有了比较深入的调研。

经常有人问我：薛老板，我拿到了一家小公司的 offer，领导承诺得非常好，我很心动，我要不要去呢？

经验： 刚毕业还是建议选大公司，因为这是一个更稳妥的方案。首先，刚毕业的学生没有工作经验，是没有行业、公司的判别能力的；其次，就类似我们上大学都要选名校一样，大公司会赋予你一顶光环，而且在大公司遇到优秀人才的机会更多，这对于个人职场初期的成长非常有帮助。

当你有几年工作经验之后，如果一直在大厂干当然也是一个不错的选择，但一定会遇到瓶颈期，这时候反而可以考虑中小型公司。首先随着工作阅历的提升，作为产品经理，你一定会掌握行业分析、市场分析的方法，这样你就能自己判断什么赛道是有发展前景的，同时工作时间越久你的人脉也会越广，他们会遍布各个互联网公司，也可以让你多渠道多维度地判断一家公司是否值得加入，总之这个阶段如果自己打算进入中小厂发展，你会相对更容易挑选到一个真正有发展的赛道和公司；其次，有潜力的中小型公司要比大公司更容易帮你实现收入的跃升，工作 5 ~ 10 年这个阶段正是大多数职场人要在大城市安家落户，甚至上有老下有小的阶段，唯有实现收入的跃升你才有机会稳稳地扎下根来。

17.2　新业务的整体规划逻辑

所以我在京东办理完离职手续之后，第二天就马不停蹄地入职了新公司，没有一天间隔。入职第一天领导找我谈话，让我先系统地出一份业务定位以及发展规划出来，然后找他过方案。

所以入职第一周我就开始投入忙碌的工作中。那种感觉有点像回到了百度时代，但是我背后再也没有可以依靠的大树，所有的事情都需要我自己独立去思考去完成；也有点像京东负责一些复杂项目时的兴奋，但是现在是规划一个完整的业务，难度和复杂度会更高，挑战也更大，当然也更兴奋。

通过大量的市场调研和业务调研，我的初始方案规划如下：

首先，从产品定位的角度来说，英语项目一定要完成独立运营，自成闭环体系，所以业务规划需要有引流品和利润品；其次，从用户群体的角度希望以服务 25 岁以上女性用户群体为主，因为女性相比于男性，更加有学习意愿，且 25 岁以上女性付费能力更强；最后，从核心用户需求的角度来说，要满足用户对于英语学习听、说、读、写、译的全方位需求，并且注重品质和服务，有教师和助教可以随时对其答疑解惑，跟踪学习，因为英语学习相对刚需，用户更加注重学习效果，市面上的免费资源或者轻服务产品很难满足用户的需求。

以上是第一轮的业务规划汇报，核心参与者是自己的直属领导，也就是公司的合伙人。我重点从市场定位、客户定位、价值网络定位、竞争优势以及发展目标等宏观维度向领导讲解这个规划的整体情况。

在汇报的过程中领导问了很多问题，比如：为什么要做业务闭环？引流品和利润品的定价区间是多少？这么定价的依据是什么？为什么主要服务 25 岁以上的女性用户？有哪些数据可以证明女性用户的消费意愿比男性更强？有哪些数据可以证明 25 岁以上女性用户的消费能力比 25 岁以下更强？为什么要满足听、说、读、写、译的全方位需求？在各个领域都有哪些竞品公司做得最好？竞品的优劣势分别是什么？我们进入这个领域的切入点以及优势分别是什么？好在找老板过方案之前这些问题我都提前准备过，所以面对领导的连环追问，我才能灵活应对。

> **经验**：**在做新业务规划的时候一定要多花精力去打磨方案，比领导想得更全面，才能取得领导的认可。特别是像我这种外部招聘来的业务负责人，之前跟领导没有信任基础。如果你的方案漏洞百出，领导如何放心地把业务交给你？**

对于这一版方案，领导整体上是认同的，但是也从更高的视角对方案给予了一些宝贵的修改意见，我受益匪浅。有了领导对整体思路的认可，就像盖房子打好了地基，在这个相对比较扎实的地基上，我开始进入深度落地业务规划，主要包括以下内容：

（1）前场业务策略（主要是市场策略、运营策略，打法布局、渠道布局等）；

（2）中场业务策略（主要是产品与技术策略，如何进行产品创新以及提升产品竞争力等）；

（3）后场业务策略（主要是运营、助教、老师、客服等竞争力支撑体系）；

（4）财务指标，基于前3条策略和投入与预期产出，形成自下而上的结果目标预测，如果与领导对于业务的预期有差距，需要给出一些调整建议或补充做法；

（5）所需支持与资源。

准备以上内容的过程中其实会跟领导多次碰撞想法，最终比较完善之后开始进行第二轮汇报。这次的主要汇报对象是直属领导以及公司CEO，当然其他合伙人以及业务团队的领导也悉数到场，并给予了很多反馈、挑战和建议。因为这一轮汇报展示了详细的业务策略，所以大家给到的反馈非常落地，气氛也非常激烈。讨论过程中有人对于业务细节也提出了质疑。对此，首先我用自己掌握的数据客观、理性地来回应这些挑战；其次，我的直属领导帮我顶住了很多来自大佬的压力，在相互碰撞的过程中大家逐步达成共识。会后我将大家提到的建设性意见补充进自己的方案中，就这样前后大概用了两三周的时间就确定了业务的整体思路。

> **经验**：**业务方案规划的核心在于有理有据，说服力强。其实本质上这就是产品经理撰写的 BRD（Business Requirement Document，商业需求文档） 和**

MRD（Market Requirement Document，市场需求文档），也类似于创业者拉投资时展示的项目计划书。

这也是小公司和大公司在项目立项层面一个很大的区别。在讲京东提升京东支付占比项目的时候我提到过，方案的汇报经过了非常多的层级，需要逐层汇报和审批，而小公司由于员工数量少，更加扁平化，汇报层级更少，从而整体效率更高；其次，大公司由于用户规模大，任何战略级项目都牵一发而动全身，影响非常广泛，所以任何决策都非常审慎，从而拉长了决策周期，而小公司船小好调头，可以说是轻装好上阵，特别是偏新业务的时候，因为哪怕做不好随时可以重来，最终也会导致决策效率相对更高。

17.3 新业务产品体系搭建以及落地

整体方案确定之后，我接下来开始产品体系的搭建以及项目落地。

1）流量获取产品

我负责设计并上线的第一款流量获取产品是名著阅读产品。为什么要从这个角度切入呢？第一个原因是名著阅读是一个受众群体更广的需求，只要是对英语有兴趣爱好的用户都是目标用户，更有助于流量获取这个目标的达成。第二个原因是直接竞品——薄荷阅读的爆火为其公司带来了海量的流量，既然它们能成功，我们就一定有机会。经过调研，我发现产品特点如下：

产品流程：学前进行英语词汇量测试，根据用户词汇量测试结果，推荐不同等级的书籍，有迪士尼系列、童话系列、古典名著系列、哈利波特系列，等等。

运营方式：连续多天阅读定额的任务，完成阅读并发朋友圈后，视为打卡成功，打卡成功即可返现，所以当年在朋友圈形成广泛的传播。

核心优势：购买了大量的英文原版书籍版权，每种书籍的版权价值在几万元到几十万元不等。

成功原因：此方式踩上了当时微信朋友圈分享的裂变红利，短时间内可以给微信公众号迅速积攒大量粉丝，同时裂变传播可大大降低投放成本。

受此启发我找到直属领导建议我们也做一款类似产品定位的产品，经过评估后领导同意我的看法，并跟我说：**我们直接照着竞品做一遍就行**。虽然我们最终上线的产品相比竞品做了大量的体验优化，但是在当时听完领导的这句话用"震惊"来形容一点都不夸张，因为这种事情在我过往的经历中是不可能发生的。但是现在回想起来是有其合理性的，**作为跟随者直接借鉴别人已经验证成功的业务模式是一种试错成本最低的方式**。无论大公司还是小公司，为了生存都是使用浑身解数的。商场本来就是个弱肉强食的世界。这个逻辑在商业上是成立的，但是作为产品经理，不建议大家轻易采用。

我负责设计并上线的第二款流量获取类产品是背单词小程序。首先是因为中国人学英语的一大惯性思维——先背单词，**我们做产品要迎合人性，不能挑战人性**；其次，互联网一种典型且成功的迭代路径是先使用一款高频、刚需且免费使用的工具快速地获取用户，当用户规模较大以及黏性较高之后开始商业化变现，背单词小程序就满足这个特性以及定位。

既然要通过背单词小程序来获取流量，我系统分析了当年最火爆且获客能力极强的一款背单词产品——极光单词，产品特点如下：

核心玩法：99 元赌局。

99 元坚持背单词 100 天，学完可以全额返现。

99 元坚持背单词 365 天，学完可以三倍返现（300 元返现）。

产品流程：可以选择不同的词库，包括四六级、托福、雅思、商务英语等，每天完成学习背诵定额单词后，进行朋友圈打卡，打卡成功即可返现。当然还有多种激励返现方式，包括：

（1）每天打卡完毕后返现 1 元，99 天打卡完毕后返现 99 元；

（2）连续完成 99 天打卡，批量返现 99 元。

后续采用方式（2）的比较多，因为可以降低返现率，获得更多的利润。

拉新效果：给极光单词的微信公众号积累了 4000 多万的粉丝，为后续轻课旗下高单价（3000～6000 元）的实用英语课程的流量打下了坚实的基础。

极光单词是一款非常优秀的运营导向型产品，但是作为产品经理在设计产品的时候还是要思考产品价值的问题，所以在背单词的效果上我做了大量的功能优化，比如在单词推荐机制上融合了艾宾浩斯（Ebbinghavs）遗忘曲线，在背单词页面以及流程设计上融合了更多的游戏元素，从而保证用户使用我们的产品可以有更好的记忆效果。但是在运营模式上我们借鉴了打卡返现机制，可以跟名著阅读类产品打卡返现统一设计和运营，所以这是一款产品＋运营双驱动的产品形态。

通过以上两种产品获取来的流量，导流进入体验课产品。

2）体验课产品

在电商产品中，我们经常可以看到新人大礼包，一般大礼包中包含多张优惠力度非常大的优惠券，核心目的就是提升新用户对新平台的好感度，从而降低完成首单的决策成本；在零售中，单价高的商品（比如化妆品）也会免费赠送试用装或者小样，从而降低用户的决策成本。

同样的道理，为什么要给教育产品设计体验课？是因为**一般来说正价课客单价较高，用户的决策成本比较高，需要用户通过体验课来了解老师上课的水平以及课后服务质量。**

体验课公开课，我们的设置是每一期 3～4 节直播公开课，每节课 60～90 分钟，由合作老师讲述正式课内容以及正价课卖点，让学生对于课程内容有个深入了解，从而引导学生报名正价课。

关于体验课具体如何定价才能达到最大的转化率和 ROI，我们做了大量的模型测试，通过不同的渠道、不同的服务、不同的时间、不同的价格（0～9 元）进行获客成本和转化率尝试，并实时调整。

3）正价课产品

正价课的核心就是满足用户英语学习听、说、读、写、译的全方位需求，邀请市面上的名师合作授课，课程定价在 3000～6000 元，因为正价课是我们的利润品，是收入的核心来源，所以一定要做到 ROI 为正，而 3000 元的产品是个重要分水岭，低于 3000 元的客单价是几乎没办法盈利的。

为了满足体验课和正式课的正常售卖，我们独立开发了一个 App。用户端包括首页—课程列表页—课程详情页—订单确认页—收银台等课程的整体下单转化流程，以及订单管理、直播上课模块、作业系统等；对于教师端包括课程上架管理、审核管理、学员订单管理、物流管理等。

以上就是产品体系搭建以及落地的过程。通过多个产品形态来支持流量获取产品、体验课产品和正价课产品的正常运转。

17.4 新业务运营体系搭建以及落地

作为产品业务负责人，除了产品体系的搭建，还要负责运营模型的搭建，因为一个业务的成功发展，精准的需求定位以及良好的用户体验只是最基础的要求，除此以外还需要高效的运营配合，才能实现业务的快速增长。

接下来我将采用前台、中台、后台三个维度阐述我们是如何搭建一套系统的运营体系的。

1. 前台

前台是指提供用户购课前相关服务的运营团队，分为流量获取以及销售转化。

1）流量获取

前面讲到的名著阅读产品和背单词小程序是产品化流量获取方案，但是一切生意的本源是流量，业务整体营收的增长还需要运营人员综合运用多种方式来源源不断地获客，我们当时主要做了以下三种。

（1）流量采买获客。

- 抖音信息流广告、微信公众号图文、腾讯广点通、抖音主播口播带货等四大渠道直接投放直播体验课产品广告，经过大量验证，这四个渠道是变现效率最高的，也是我们流量采买的主渠道，其他渠道小范围尝试。
- SEM、SEO 进行流量产品投放，这是辅助手段。
- 大姨妈、美柚、小红书、其他背单词工具等目标受众人群聚集的平台开展 CPS/CPA 合作。这一类的平台推广建议采用 CPS 的方式，因为 ROI 更稳定。

（2）免费公域流量获客。

这一类主要搭建自己公司的矩阵账号，比如抖音、小红书、快手、B 站等，定期发布内容吸粉，然后导流到销售微信，由销售进行转化。

（3）私域流量。

所有投放、非投放过来的用户，会沉淀到微信公众号、销售企业微信、社群等渠道中，方便后续进行新产品的广告触达，促进复购。

对于流量采买，运营团队的考核指标是获客成本和各个渠道转化率。

2）销售转化

关于正价课产品的销售转化，主要采用两种方式。

（1）教师直播间进行口播销售转化，因为客单价比较高，需要教师个人建立信任转化，很多学生买课就是因为相信老师的专业水平；

（2）销售人员在社群中、个人微信好友中进行服务、沟通、转化，因为用户的决策成本高，在决策过程中有非常多的疑问需要解答，所以销售可以一对一非常有针对性地及时回复用户的问题，从而对高意向用户进行转化。

对于销售团队的考核指标是转化率和转化金额。

2. 中台

中台主要是指公司内部保障核心业务服务流程正常运转的团队，主要包括以下三部分。

（1）产品技术团队：保证产品的可用性和易用性，做产品创新的探索以及响应各业务需求，比如投放获客数据检测系统、CRM（Customer Relationship Management，客户关系管理）系统、社群运营转化系统、营销系统、用户激励体系、用户学习/评测系统等的搭建，为公司业务运营降本增效。

（2）教学教研团队：主要包括师资 BD（Business Development，商务拓展）、磨课团队、教师团队、内容教研等人员，负责课程方向选题、教师 BD、试讲磨课、课程录制等工作，核心职责是保障课程质量。

（3）其他保障团队：比如数据分析团队、销售班主任运营团队、班主任培训团队等。

3. 后台

后台主要是指服务于用户购课后相关服务的团队。最核心的就是班主任团队，负责督促用户听直播、完成作业、问题答疑以及其他课程的复购转化。

我们对班主任团队的考核指标是用户满意度、用户完课率、用户复购率。

为了实现更高的 GMV，关于复购，我们也经过了精心的设计和探索，重点从以下三个维度出发。

（1）复购课程产品。

横向产品设计：英语类课程难度进阶，分为初级、中级、高级，单一课程体系下用户可以进阶学习；

纵向产品设计：不同课程品类，比如收纳、情感、心理等，这些都是非常贴合 25 岁以上女性的核心需求。

（2）复购服务产品。

英语品类下一对一服务：比如外教口语套餐，客单价定在 8000～20000 元之间，这类服务边际成本高，只有高客单价才能盈利；

其他品类下一对一服务：心理咨询、情感咨询等，客单价在 300～500 元/小时。

（3）复购实物产品。

这一类主要是迎合当下火热的直播电商以及我们自身拥有的大量女性用户群体。选品逻辑：非标产品，高频复购的消耗品，目前处于探索阶段。

以上就是我在独立负责一个业务过程中所有规划以及思考的过程,可以看到负责一个业务相比负责一款产品,难度是几何级增长的。所以对一个人的综合能力要求会更高,对个人的挑战也更大。为了更好地应对工作,最近几年我刻意提升了自己的管理能力和业务能力,工作模式也发生了非常大的转变。

作为一个管理者,工作成果不再是像以前那样通过自己亲自去获得,而是通过下属和团队的努力去获得。所以核心工作就变成了制订计划(包括项目计划、预算计划和人员计划)、人员面试与选拔、工作授权、激励体系的设计、绩效评估与监督、营造良好的工作氛围以及获取资源帮助员工更好地完成工作等等。有些事情我之前也没有做过,但是多年产品工作经验让我具备了超强的学习能力,在这个阶段对我帮助还是很大的。

作为一个业务负责人,虽然不用事无巨细地插手一线业务,但是自己一定要非常懂业务。在日常工作中需要通过垂直行业的媒体以及人脉关系实时掌握竞品的动态,从而灵活调整竞争策略;需要抓住行业内一些优质的免费、付费培训的机会,聆听优秀行业前辈的指导教诲,拓宽自己的思路及人脉;需要不断地给自己充电,而读书是非常好的选择,比如商业、营销、管理、财务、法律、心理学、人物传记等方面,只要有助于业务发展的都要广泛涉猎;当然还需要不断地进行业务复盘,项目业绩好要总结成功的原因,业绩不好要善于总结、反思,找出自己的差距,弥补自己的不足,这样才会提高自己的业务能力。

17.5　经验小结

作为一个已从业 5～10 年的产品经理,向上突破会变成这个阶段的主旋律。我们一定要不断地去做"难且正确"的事,而不是在自己熟悉的领域内以及能力模型内,周而复始地重复做事情。

在这个阶段我自己采用的思路是:从资深产品经理转型为业务负责人,不断地拓宽自己的能力边界。当然突破的路径远不止这一条,但是核心宗旨是做一些对自己能力提升可以产生质变的事情。我们要学会放大自己的工作价值,才有可能在这个互联网行业产生一点点影响力,也许这就是突破的含义。

主人公：Kevin

我的角色	工作年限	关键事件	通关锦囊
创业者	第 6 年	爱好到创业	产品经理职业变化
	第 8 年	创业项目的迭代和优化	创业过程中做产品的曲折和案例

第 18 章　从产品经理到 CEO

如果你问我是如何走上创业之路的，这还要从一件小事说起。

2016 年，在一次产品评审会议上，因为只是把数据值罗列出来，没有给出自己的分析方向，被领导一顿批评。

从那时开始我下定决心要记录产品经理成长的案例，通过撰写文章进行复盘。后续在工作中仍然出现了很多次类似的情况，也没有影响我做产品经理的决心。你会发现，当你真的喜欢这份职业，只要你定位了问题出在哪里，都是可以花时间和精力解决的。

在前面我提到，要专注"战略层"做职业选择，而我当初做产品经理的初心就是为了做出一款改变世界的产品，因为这就是我的性格，让我喜欢做产品。

同时我还坚持输出产品经理的内容，将内容变成产品，逐步迭代和优化内容，就这样，影响产品圈的 PMTalk 产品经理社区就这么机缘巧合地诞生了。到现在这本书撰写的时候，社区注册用户已经达到了 8 万，从以前几个产品经理变成了一个小而美的互联网公司。

所以如果你的"战略层"也是从内心喜欢享受创作的成绩和快乐，那么从产品经理走上创业几乎是你必定会走上的一步。不管是哪一类创业最终都需要经历需求调研、竞品调研、产品设计、业务管理、优化迭代等步骤。下面我以我的创业项目为例来具体谈谈这几个步骤。

18.1 需求调研：创业方向在哪里

需求调研实际上是一个比较宽泛的词，照理说只要是有问题的地方都需要调研，其包含的维度也是非常多元的，但是如果需求调研没有一个精准的目标，最终也将是无从下手。

我们想做一个产品经理社区，从现在看来社区的产品除了线上广告，还可以做线下活动、付费课程，任何一个方向都是可以独立做产品的，做线下活动可以做活动报名系统，做线上广告则可以做广告投放平台，做付费课程则要考虑做课程系统。

这三个方向的开发量完全不同，同时也不能通用，所以作为产品经理需求调研就是要决定方向，同时还能基于自身的优势、长处决定具体开展什么业务。

这里最有效的方法就是去撰写产品体验报告，来看不同产品是怎么实现的。体验报告是产品经理工作必然会输出的一份文档，体验报告的目的是让阅读人可以快速了解到不同方向产品的核心功能模块和商业模式。具体构成模板如下。

（1）体验环境。

体验环境主要是软件版本号和终端设备型号。体验环境说明了客观条件，通过版本的序号大小可以看到产品的时间周期，因为我们撰写体验报告需要写优化和建议，因此软件在版本更新的过程中，很可能后期就把你认为有问题的功能或者页面文案修改了。

（2）产品定位。

产品定位可以直接使用产品的口号，往往产品团队为了快速让用户清楚我们的产品是做什么、提供什么服务的，就会想一个好的口号，通过一句话让人明白。

当然口号不是一成不变的，随着产品生命周期的变化可以调整。比如小红书的口号以前是"标记我的生活"，现在是"2亿人的生活经验，都在小红书"。

从最开始的美妆，到现在全品类的内容，新的口号可以让用户更快地感知小红书的变化。

（3）市场说明。

市场说明是一个比较笼统的概念，包含了非常多的维度，但我们只聚焦在用户数、潜在市场规模、市场占比等。其中市场占比可以包含地域分布、年龄分布、行业类别分布，这里的市场代表了整个赛道的总体系。

（4）用户画像。

用户画像是产品经理常会碰到的一个关键词，通过画像我们可以快速洞察自己的产品或服务在满足什么人群的需求。这里尤其要注意群体与个体的差异。

比如对于 PMTalk 产品经理社区，用户是工作 0~3 年的产品经理，而就个体而言我们这里有工作 10 年的产品经理用户，这两类人群的需求是矛盾的。

此时我们要做的就是基于用户画像数据去分析这群人的内容需求是否与当前社区匹配，尽力实现分区满足不同类型人群的诉求。

概要型用户画像数据可以通过百度指数或者微信搜索指数甚至是谷歌指数获得，而具体某个细分行业画像数据则需要去找对应行业的调研报告了。

（5）商业模式。

商业模式指的是被拆解产品对象盈利的方式，但是有的产品可能并没有盈利只是有一定用户数据，或者不错的活跃数，因此商业模式也可以拆解产品的核心服务或者用户使用产品的主要诉求。

要注意商业模式不需要很复杂，但一家初创企业的商业模式一定要简单，这样团队才能接得住，同时也能够快速服务。

（6）功能描述。

功能描述是产品体验的核心。对于大部分产品经理来说，前面的部分都可以省略，这一部分最花时间，尤其是有一些产品功能涉及付费和需要白名单邀约才能开通，只能通过这个板块了解到产品提供的功能描述和结构。

我们一般会用脑图结构来做框架的拆解，根据产品的菜单、TAB 来做一级功能，其他做二级功能以此展开拆解。

功能描述需要包含解释功能是做什么用的，提供了什么服务。比如一个商品购买，就可以拆分为拼团购买、单独购买 2 个功能进行功能描述。

功能描述的颗粒度不需要做得太细，一般是用户主要操作功能，比如购买页的收藏、客服入口、分享、返回首页，就不需要写了。因为这都是属于页面跳转，不属于功能。

（7）优化和建议。

做产品体验输出优化和建议，就是为了给自己建立初步的产品设计方案和想法。其实这一步就可以大体有一个初步计划方案了，只是还没有和业务方去沟通。产品体验的环节是产品经理或者产品团队内部的步骤，因此这个时候优化和建议只是在内部做。

优化和建议我们可以从以下途径获取更多灵感。

①查看用户评论。市面上有非常多的可以查看用户评论地方，比如你可以在 ASO 网站上看到各种应用 App 的用户评论和建议，对于产品经理来说这是非常好的需求建议收集地。

②查看公司相关战略资料。优化建议仍然可以依靠公司相关战略来做，到底是创新的项目还是主营业务其实结合公司财报（如果是上市公司），就可以快速定位出来。创新业务可以结合市场行情、热点新技术来做相关战略需求的建议，如果是公司主营业务，就应该围绕着核心商业模式的路径去给出相关建议。

18.2　竞品调研：让创业更稳

竞品调研是把若干不同产品的体验报告融合在一起，当然这些产品要求是同领域的，不能有太大跨度，竞品之间需要有相关性。

比如下图是我曾经写的一份竞品报告，包含了小程序、服务号等项目。

功能对比

项目类型	IOS	审核	支付	网络	交互	社群	文件大小	用户触达	硬件要求	AI	成本	安卓	开发成本	推送频次
小程序	支持	微信审核，工作日当天，周末2天节假期放假	虚拟商品不支持	Wi-Fi和蜂窝数据支持	页面规范、设计规范	支持PC、APP、平台	支持下载，文件大小限制10M	主动订阅才可接受	移动端、iPad、电脑、安卓系统设备	图像识别、语音视频等AI能	认证费用300元		独立微信前端开发，完全兼容微信调览器	主动订阅后无上限
服务号	支持	审核1天	仅支持微信支付	Wi-Fi和蜂窝数据支持	固定模板，提供标题、描述、跳转规范	支持分享	支持跳转外链，一个月不支持直接下载无存储功能	关注可接受消息，一个月不超过4次	移动端、iPad、电脑、安卓系统设备	图像识别、语音视频等AI能	认证费用300元	无		一个月不超过4次
模板消息	支持	审核7~15天	支持跳转H5方式用跳转到支付宝	Wi-Fi和蜂窝数据支持	可跳转外链；提供标题、描述、跳转规范	不支持分享到社群	无存储功能，不支持下载	7天内与服务号有消息互动的，可无限次推送触达，超过7天无效	移动端、iPad、电脑、安卓系统设备	图像识别、语音视频等AI能	免费	支持	无	7天内唤醒无限次
5G消息模板	不支持	审核	待定	Wi-Fi用短信验证码形式，蜂窝数据则免直接获取ID	菜单规范、页面交互规范缺失	不支持，只有单对单	文件大小无限制，有手机信息即本存储	即时推送	安卓手机	图像识别、语音视频等AI能	资费待定	支持	Iframe框架开发	无限次

竞品调研要输出如上图的竞品调研功能对比表，在某个维度下确认竞品之间的功能维度。通过以上的竞品调研，你可以让自己的方案变得有下面 5 点特色。

（1）为产品提供更加丰富可行的办法；

（2）随时了解竞争对手的产品和市场动态，并可判断出对方的战略意图，及时调整方向；

（3）掌握竞争对手用户细分群体的需求满足情况和市场空缺，以及产品运营策略等；

（4）自我快速调整，以保持自身产品在市场的稳定性或者快速提升市场占有率；

（5）让新的产品、拍脑袋想出来的产品得到验证。

18.3　产品设计：具象功能

完成了目标产品体验和竞品调研的梳理，我们其实大致可以得出一个结果，在某个创业赛道下，产品应该具备什么能力，并且什么形态是早期版本，什么是第二期版本，以及既定版本的节奏和功能设计方向。

比如 PMTalk 产品经理社区的竞品调研来自人人都是产品经理、PMCAFF 和简书等各类垂直或泛娱乐内容创作平台。社区产品包含了内容生产入口、账户体系、运营管理后台（CMS、用户中心、消息通知、话题标签体系、广告系统）3大功能入口。

有了方向，接下来就可以去做产品设计了。作为产品经理，我们依照线框图、高保真原型以及需求文档来完成这部分的产品设计。

这里以内容生产入口、账户体系为例简单谈谈几个部分的设计概要。

1）内容生产入口

社区产品的内容生产入口需要确定内容类型，现在市面上的内容类型有三类，分别是图片、文字和视频。内容类型跟随公司业务会有变化。

例如，站酷是图片为主，CSDN 社区则是文本为主。

2）账户体系

和支付系统对应的就是账户体系，现在很多金融机构的支付入口都是从一个账户开始，有了账户才能进行支付，因此才有了现在的微信支付和支付宝，通过账户体系再关联到用户的任何场景，保证产品的新增用户和活跃量。

可见账户体系是互联网公司的命脉，账户体系通过登录、注册来体现，现在你在市面上看到的任何互联网产品，都有自己的账户体系。

账户体系对应了账号的角色和权限，以及后台的用户管理，针对角色和权限可以用 RBAC 来配置，用户管理可以由用户数据标签、用户管理后台来做区分。

当用户规模在 10 万以内，可以通过用户管理后台进行区分。10 万以上就要考虑建立用户标签，通过用户标签来做用户的人群划分、数据分类，方便后续做定向运营。

18.4 业务管理：管理后台

社区产品是一个内容聚集地，产品经理的角度是如何做好内容的分发，保证内容分发有人看，提高分发的效率，增加内容消费率。而运营的角度是增加内容生产数、内容首发数、内容 IP 账户（作者）入驻数、新增用户数、新注册用户数、活跃用户数。

两者的目的不同，所以输出的产物也有区别。产品经理是输出内容管理工具、用户活跃工具，为运营和用户提供高效率的管理。运营则是策划活动、热点主题、拉渠道，为社区提供源源不断的流量。

基于以上目的，社区的后台需要包含下面 5 个关键模块，分别是 CMS（内容管理系统）、用户中心、消息通知、话题标签体系、广告系统。

1. CMS（内容管理系统）——内容管理与分发

在社区产品的管理里，CMS 是一定会存在的，通过对内容的人工、系统审核和精选，减少对内容的管理成本。

下图是内容管理系统，其流程涵盖内容创建、内容审核、内容分发（审核、推荐）、内容删除、内容过滤词汇。

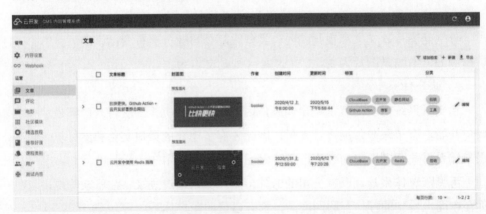

在用户发布了内容后，CMS 会对新产生的内容数据进行管理，从提供审核开始，将用户内容提供到运营方或安全系统进行审核。

CMS 因为属于内部管理系统，还是要依靠公司业务来定制，有的公司规模比较小，用户产生内容一天不到几十条，完全可通过人工的方式进行审核，而内容数据大的情况就需要接入安全审核系统了，通过审核对图片、文本以及链接跳转内容审核。

一般在审核系统中要包含 4 个元素，分别是内容字段、内容序号、内容查询、内容管理，前三者是方便定位内容和查阅，后者是方便做内容编辑和二次运营。

2. 用户中心

用户中心是用户账户体系下的产物，因为许多用户的账户下面会有大量的用户个人数据，不仅限于用户头像、用户昵称，还有用户的动态等。

一切和用户有关的数据，包含隐私数据和非隐私数据，用户中心都需要进行管理与存储。

3. 消息通知

消息通知是运营管理工具，用来增加平台与用户的黏性，不管用户是使用 App 还是门户，消息通知可快速以短信、推送或者快应用模板来触达用户。

消息通知管理后台通常包含了活动类型、文案配置、跳转地址、推送时间、推送频次，用户推送的频次越高，用户越反感，所以这一点建议可以提供配置或者固定的频次选择，保证用户不受到干扰。

4. 话题标签体系

社区产品会随着运营时间积累，沉淀越来越多的用户和内容，即使是垂直内容社区，也会有内容细分，此时就需要通过话题标签体系来做内容分类。

例如下图是 PMTalk 社区的话题标签体系，你可以看到其实在 CMS 内容管理里面有合并的标签，用户可以通过标签快速筛选自己的内容。

ID	话题名称	分类	粉丝数量	热度	推荐	操作
604	产品经理	普通	4354	37	是	合并 推荐 取消推 设置二级话题 编辑 删除
633	产品设计	普通	3314	27	是	合并 推荐 取消推 设置二级话题 编辑 删除
777	UI设计	普通	1572	22	是	合并 推荐 取消推 设置二级话题 编辑 删除
591	运营	普通	2455	17	是	合并 推荐 取消推 设置二级话题 编辑 删除
641	交互设计	普通	2083	10	是	合并 推荐 取消推 设置二级话题 编辑 删除
825	运动	普通	357	6	否	合并 推荐 取消推 设置二级话题 编辑 删除
608	产品运营	普通	1592	5	否	合并 推荐 取消推 设置二级话题 编辑 删除
772	产品	普通	1254	3	否	合并 推荐 取消推 设置二级话题 编辑 删除
778	实用工具	普通	787	3	否	合并 推荐 取消推 设置二级话题 编辑 删除
611	干货	普通	1105	3	否	合并 推荐 取消推 设置二级话题 编辑 删除

共有数据：3310 条

话题标签体系一定要和内容数量以及运营成本相匹配，标签越多，如果没有算法，那么就会导致好的内容筛选成本越高，用户也不会浏览。虽然我们都说可以给用户提供搜索功能，但是搜索寻找内容相比现在市面上的推荐算法来说，效率还是太低了，尤其是用户只是纯阅读并不是刻意地找内容时，算法更能够增加内容消费。

话题属于内容标签体系的一种，同时内容分类也要引入是否支持用户添加，好的内容标签显然是允许用户自定义的，可是这样会造成前面提到的标签过多问题，尤其是垂直内容社区，我建议产品经理们固定内容话题标签，故意让用户做出必选，而不是用户自定义选择。

这样的话用户在使用社区时也会形成良好的操作习惯，话题选择也在内容创建的入口上更加简单。比如下方是 PMTalk 老版本下的话题标签和新版本的话题选择，用户在新版本下投稿只需要选择 3 个话题其中之一就可以完成内容发布。这同时也降低了内容筛选难度，运营管理人员可以快速对内容进行精选。

5. 广告系统

MVP 版本下的广告系统主要是为了解决以下问题：

- 广告内容的展示；
- 推荐内容的引流；
- 增加全局广告位置；
- 满足运营基本需求。

最后一点运营的基本需求就比较模糊了，不同的企业和业务其运营的需求也不同。在社区产品上，运营的需求是以内容运营、产品运营为主。

每一个广告图存在一个顺序属性，系统就可以通过其不同的权重进行轮播，并且要禁止相同顺序。可以设置时间帮助运营人员自动上架/下架广告（满足活动运营需求），并且有一个时间的维度可以帮助做好广告内容的排期管理。即使在 MVP 阶段，也不可能一次性将所有广告推出，需要配合公司的产品上线情况在不同周期推出不同的广告内容。

18.5 优化迭代：为业务做减法

为什么我们都说做产品很难做减法？因为我们很难判断哪些业务是核心业务，哪些业务是边缘业务，尤其是在早期业务不赚钱的时候。或者说难点在于：减法需要创业者有足够多的沉淀。

产品做减法至少要处于产品从探索期到成长期或者从成长期到成熟期的过渡阶段，有生命周期的跨度才会对产品进行改版。而生命周期判断则需要产品经理不断观察数据，通过日常数据环比和新版本数据环比，才能得到结果。

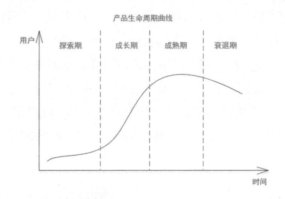

做减法的方法我认为有下面两点。

（1）接受现实，遵循用户习惯。

通过最近两年不断尝试后，我清楚认识到现有资源在技术能力、实现方面的短板，找到内容社区的核心场景有三个：一个是写内容，一个是看内容，还有一个是内容的交互。

而除了核心场景外，对于内容几乎没有新增或者用户访问数据不高的功能板块我选择全部砍掉，而不是迭代。即使这个功能可能曾经花了很多精力投入，但数据效果差就仍然选择砍掉，并不是考虑如何去优化。

要让用户的操作简单、快速，选择少。之前过于臃肿的首页给予用户太多选择。比如之前首页有超过 6 个的地区社区，导致首页布局非常满。改版后，只保留了 3 个类型的社群，地区群入口仍然存在，只是用户没那么多选择了。

（2）专注核心功能的打磨。

用户的核心路径是发布文章、看文章，所以我们重构了编辑器，基于开源编辑器做了二次封装。虽然编辑器不是自研，但是通过前端交互和文案，增加了用户投稿的意愿。

编辑器中增加了用户快捷导入、富媒体悬浮窗口效果，关闭了用户自定义话题，加快了用户话题选择。另外，一个稳定的编辑器是非常高成本的功能，如果产品不是以内容创作为主，建议不要自研编辑器，自研需要非常多的前端资源和测试时间投入。

18.6　设计北极星指标

一个产品上线运营后，每个生命周期都会有阶段目标，为了清楚现阶段和目标的差距，我们可以设置北极星指标。对于产品经理来说，北极星指标是产品每个生命周期的评判标准，借此找到需求调研、产品设计的方向。

KPI 不同于北极星指标，属于绩效指标，需要对组织内部流程的输入端、输出端的关键参数进行设置、取样、计算、分析，是衡量流程绩效的一种目标式量化指标，是把企业的战略目标分解为可操作的工作目标的工具，更是企业绩效管理的基础。比如公司的销售会有业绩 KPI，运营会有增长 KPI，HR 会有招聘 KPI。KPI 只用于评价公司某个业务的好坏，北极星指标则可以保证各个部门有一个共同的目标。

那怎么制定北极星指标呢？

常见的做法是把产品现阶段的数据指标整理出来后，再筛选出可以表达产品整体业务、产品数据、行为数据的代表指标，这就是北极星指标。

我们做北极星指标筛选或设计的时候，一定要关联内容的指标、业务的指标、销售的指标。以某相机工具产品为例，北极星指标是用户的积分值，积分可以从个人中心签到或者完成拍照行为获得。积分制影响了用户的拍照量，作为定位为拍照的工具 App，拍照量与留存率越高，自然产品价值越大。所以确定了用户的积分制为北极星目标数值。

有了北极星指标后，接下来就可以倒推出每个功能、业务的数据指标，再对数据进行解读，反向推导出产品经理的 KPI。

18.7　做好产品生命周期判断

产品生命周期是产品经理职业生涯里必须学习的一个概念，产品生命周期理论是美国哈佛大学教授费农 1966 年在其《产品周期中的国际投资与国际贸易》

一文中首次提出的，后续演化为软件产品生命周期模型。我们可以将其整合为引入期、成长期、成熟期（饱和期）、衰退期四个阶段。

不少创业者有一个误区，就是以为产品规划就是要做产品生命周期的各个阶段设计，其实在产品设计之初，产品生命周期只有通过数据总结和复盘才能划分。

当然每个创业者都想严格依附于产品生命周期做产品规划，这样才能够确保每个阶段做的产品设计、功能研发方向是正确的。所谓在正确的时间段做正确的事，但是对于一个产品来说，其生命周期受到外部政策、热点、技术等影响，没有办法通过短期的时间周期来判断产品生命周期之间的边界。

实际上要想完整做产品规划，我们仍然是有办法的。产品经理可以在一开始就做全产品生命周期的技术规划，即所谓的技术框架。相比产品规划，技术框架更加贴合当下的技术应用和技术资源，不会轻易更改，技术的变更是有一定的周期的，在技术不变的情况下，产品的应用也可以有非常大的改变。

在有了稳定的技术框架后，我们就可以针对不同生命周期的产品提出对应的设计方案。

（1）引入期产品设计。

1.0 版本也叫作引入期，在这个生命周期中业务不成熟，产品的功能任务是标准和最小化的。在产品规划里，产品经理需要给出 1.0 版本以外后期版本涉及的功能模块和功能层级分布，输出产品框架，方便减少后续开发资源浪费，以及为未来业务的发展做功能兼容。

产品经理的规划是首先以业务框架为基础做大的平台规划，再考虑平台下应该具备的功能。如果没有平台规划，则对其每个模块进行拆分，需要关联或统筹在一起的就可以考虑为独立平台。

比如 CRM 系统规划包含的运营管理后台实际就是基于运营业务搭建的运营平台，包含了卡券管理、会员管理、分析报表这类功能。

在引入期，因为各个平台还没有成型，功能往往是零散的，所以在这个阶段我们可以把功能和其他平台功能都耦合在一起。有了产品框架，产品在未来可以更好地独立，方便后期的权限设计、模块扩展。

（2）成长期产品设计。

在这个阶段的产品，其核心业务的闭环已经完成，无论是线上、线下模式，还是系统自动化或半系统自动化加上人工服务，用户都可以走完所有流程。

比如某证券理财产品，用户可以通过App进行注册、咨询理财，再到线下门店进行签约，再到线上App进行录入，完成了从有意愿咨询到理财购买的流程，对于这类App理财产品来说，这就是核心业务。

前面CRM系统案例里，在成长阶段，产品经理需要对原先的产品设计方案进行功能的整理和结构分层，将业务支持、运营管理后台、销售管理、数据分析逐步以单独的平台组成。相比引入期，这个阶段就开始逐步完成功能的解耦，保留核心功能之外，逐步把管理平台拆分出来。

综上，该周期的特点是本产品生命周期要提供稳定的功能服务，同时要适度增加分支。

（3）成熟期产品设计。

进入成熟期的产品，在数据指标上用户的环比增长趋于稳定。这时候往往是以新的业务基础去孵化新的产品，在原先的产品上尽可能少改动。

比如微信1.0版本和微信7.0版本，聊天的功能几乎没有变化，而是在个人中心增加了多个新的业务，这都不影响用户的功能使用。

（4）衰退期产品设计。

产品进入这个阶段是没有办法避免的，很多产品经理都希望能够摆脱这个阶段，投入很多资源和时间去绕开，但仍然没有效果，有两个原因。

第一是市场行业的淘汰。产品核心业务已经不具备竞争力，比如曾经的相机胶卷，因为电子数码相机导致胶卷不再被需要。

第二是产品竞争力不足。由于发展没办法自负盈亏，产品资金链断裂，没有资源为产品提升稳定的服务能力，如此反复循环下去，产品没有竞争力，最终产品进入衰退期。

在衰退期我们做产品设计则要尽可能地重构，提供新业务。因为业务的更新换代，此时的产品设计变化要大，不仅是用户界面的变化，还要进行功能与业务的创新。

在衰退期尝试性的功能往往非常多，我们要挑选符合用户画像、用户需求的功能，去除冗余业务和数据指标差的功能。往往这个抉择是非常痛苦的，因为无论如何功能已经有用户使用，产品经理需要提前拟定好关停时间、下架日期，做好售后工作。

最常见的就是游戏停服，曾经大火的游戏随着用户逐步流失，游戏的剧情、画质、模式等都不具备竞争力无法承担成本后，只能选择关停服务。

以上就是一个产品在不同生命周期下的设计，希望以上总结的经验能帮助你在产品设计中少走弯路。

18.8 经验小结

以我的个人经历来看，我个人所积累的能力就是日常产品经理的需求调研、竞品调研、产品生命周期管理以及数据分析能力，在这个维度上可以看到产品经理岗位确确实实是 CEO 的学前班。

主人公：赵老师

我的角色	工作年限	关键事件	通关锦囊
高级产品经理	第6年	个人著作出版	主动学习和总结
	第8年	突破惯性思维和习惯	接受新事物

第19章 每次突破都是新台阶

19.1 突破"团战"软实力

有一天晚上我正在加班，一个以前一起在药物研究院工作过的同事打电话，她说看我的文章，感觉我做事很有方法，所以想请教我答辩PPT怎么做。听了她对答辩主题和个人经历的介绍，我就给出了我的建议。我建议的大概要点包括每一页PPT要有一个清晰的观点，听的人一下子就能知道你要说什么；信息量较低的内容（比如你的个人经历）建议不用花费太多精力绘制复杂的图示，而是把你的业绩详细刻画出来；PPT每一个结论要量化，且要有支撑性论据……随后又给她提到了"金字塔原则"SMART等理论。这个建议给了她很大帮助，原来在其他的工作领域，真的不像产品经理注意培养和应用这些软实力。

这让我觉得有必要总结一下，我认为对产品经理较重要的三项软实力分别是"清晰严谨的沟通表达""切实可行的任务部署""得心应手的团队组织"。

1）做到清晰严谨的沟通表达

我刚做产品经理的时候，语速快、吐字含糊、逻辑混乱、语句冗长，并且普通话一直不标准，因此自然表达效果差。后来这越来越成为影响我工作的障碍。

为了突破这一障碍，我仔细分析了其中的原因：一个是紧张，这是心理问题；另一个是缺少条理把控，这是方法的问题。

接着我尝试找到对应的解决办法。克服紧张的办法有深呼吸、心理暗示（暗示"没人在意自己"，"随意发挥，不需要完美"等）、慢下来（动作慢、语速慢）、多演习等。克服无条理可以运用如下两个主要的原则。

（1）运用金字塔原则。

金字塔原则（Pyramid Principles）源于 Barbara Minto 在麦肯锡早期的研究工作，金字塔原则是一项层次性、结构化的思考沟通技术，可以用于结构化的写作过程。"金字塔"是个现象级的概念，在诸多场景下都可以看到或用到。其核心就是结论先行、以上统下、归类分组、逻辑递进。

结论先行和以上统下就是说一开始就亮明自己的观点，让听者明白你的思想主题，每一层必须是对下一层次思想的总结概括；归类分组就是每一组的思想必须属于同一逻辑范畴；逻辑递进就是每一组中的思想必须按照逻辑顺序排列，其中逻辑顺序包括步骤顺序（第一、第二、第三）、结构顺序（北京、上海、长沙）、程度顺序（最重要、次重要）等。

运用金字塔原理可以让我们抓住根源，提纲挈领。讲的人有层次，听的人有把控感。

在回答面试官的问题的时候，金字塔原则的使用也是必备的。用简短的话正面回答面试官的提问，如果面试官的眼神流露出继续听下去的意思，再分层阐述，依次递进。这样既能让对方心中产生"一生二，二生三"的深刻轮廓，而且也不会让对方感到枯燥冗长。

（2）运用 MECE 原则。

如果说"金字塔原则"的核心是归纳并分层，那么 MECE 原则的核心就是穷尽并去重。

如何做到不重复，关键的办法是准确把握分类维度。比如我们讨论人的种类，那么按照男人、老人、中国人分类，显然就重复了。这是因为分类的维度不一致。在运用 MECE 时候需要注意如下事项：

①谨记分解的目的，不能盲目分解。比如做客户调研时，就可以从性别、年龄、职业、收入等方面进行分解。

②避免层次混淆。当我们分解问题时，要注意角度的完整性与独立性。确保每一层次，与其他层次不产生混淆。就好比水果与苹果，这两者就产生了混淆，最终导致我们思考不全面。

③借鉴成熟模型。在现实生活中，前人已经对商业、管理做过大量研究，并形成了很多结构分解模型，他们做的模型效果非常良好。

在实践中，我们通常会将金字塔原则和 MECE 原则结合在一起运用，形成

"总—分"的结构化表达。

2）切实可行的任务部署

过往工作中，我发现工作中存在大量的重复沟通，比如昨天已经沟通的事情，今天还来问，其实原因就在于任务分配下去的时候，团队并没有了解到价值，或者没有想象到具体的执行细节。而这一切可以通过如何提出有价值的任务来解决，以及从如何高效布置任务等方面入手。我总结了以下两个原则。

（1）掌握"边际效应"。

所有的部署都应该是与团队的利益挂钩的，这是动力的源泉。不值得做的事情，就不值得做好。一个人如果从事的是一份自认为不值得的事情，往往会持敷衍了事的态度。不仅成功率小，即使成功，也不会觉得有多大的成就感。回到边际效应，它意思是一样的东西的价值同它满足的需要成正比，如下图所示。

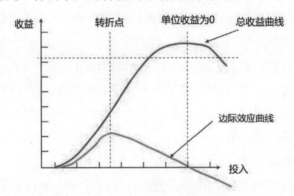

尤其是在项目的中后期，项目任务爆发、漏洞爆发，而资源有限。在指导战略部署的时候，增加对边际效应最大的需求的投入。例如：部署的需求是否能为公司带来收益？如果不做会损失什么？会给用户带来什么负担？将项目分解后编排优先级进行部署。

（2）掌握 SMART 原则。

SMART 原则要求绩效指标必须是具体的（Specific）、可以衡量的（Measurable）、可以达到的（Attainable）、与其他目标具有一定的相关性（Relevant）、具有明确的截止期限（Time-bound）。

无论是制定团队的工作目标还是员工的绩效目标都必须符合上述原则，五个原则缺一不可。以此使得员工更加明确高效地工作，保证考核的公正与公平。

3）得心应手的团队组织

在组织大家完成团队工作的漫长时间里，很容易发生冲突或意见不一致。如何让团队开心做事呢？

作为产品负责人往往也是项目的发起者，可以采取以下方法。

（1）运用"罗森塔尔效应"。

其实团队的大部分人都愿意做个"好员工"，所以首先要鼓励大家。罗森塔尔效应讲的是，随意抽出一些学生，并装作认真地告诉他们经过科学测定，他们智商很高。半年后，发现这些学生的确表现超常。

该效应就是期望心理中的共鸣现象。运用到人事管理中，就要求对团队要投入感情、希望和特别的诱导，使其得以发挥自身的主动性和创造性。

不妨在组织工作时多对同事说"我相信你一定能办好""我想早点听到你成功的消息"。

（2）运用"责任分散效应"。

责任分散效应也是旁观者效应，指的是一个人遇到任务时，如果只有他一个人能提供帮助，他会清醒地意识到自己的责任，以避免产生内疚感。而如果指派给许多人，那么就会造成责任分散，从而造成"集体冷漠"的局面。

这就要求在团队中每个人都有具体的责任归属。比如设立职责分配矩阵（RACI）。这样团队成员既有成就感和动力，也方便整个项目的管控。

（3）关注团队的"齐加尼克效应"。

当团队紧锣密鼓进行工作，最后顺利完成任务者，紧张状态随之消失；而未能完成任务者，紧张状态持续存在，心理上的紧张压力难以消失。

这种因工作压力所致的心理上的紧张状态即被称为"齐加尼克效应"。在团队工作组织的过程中，应关注成员的齐加尼克效应，必要的时候做安抚、调整、协助，甚至做任务转移。

以上这几个软实力都是与团队协作有关系的，比较影响效率和协作关系。因此建议大家尽快摸索出自己的方法，实现突破。

19.2 突破决策能力瓶颈

毫无疑问，人最难的是决策，最重要的能力之一也是决策能力。有的人心理负担小，随心随性就无遗憾，有的人"机关算尽"最后还是弄巧成拙。我们抛开生活中的大部分决策不说，单就产品经理工作而言，决策能力的重要性更是不言而喻。如何打造自己的决策能力，甚至在没有可靠情报或结构化数据的情况下，仍旧做出正确判断和决断就显得弥足珍贵。

1）万物皆需决策

时间回到 2011 年，这一年是移动互联网元年。那年身边大量的人开始换手机，于是王兴决然放弃 PC 端流量，转向去做移动端的流量。王兴的团队在 Foursquare 和 Groupon 之间分析了很久之后，最后决定把更有趣又离现金流更近的 Groupon 从国外复制到中国，这个决策的结果，就是有了今天我们熟悉的美团。

时间回到 2015 年，阿里在对 Supercell 游戏公司的商务拜访中，发现这家公司之所以如此成功，除了组织管理之外，还得益于强大的中台支持，确保产品快速推向市场，快速试错。这种模式正是阿里所需要的，于是阿里作出决策：推出"小前台，大中台"战略，很快成为了中国中台战略企业的标杆。

2）决策的一般方法

我将决策模型形成程序化的方法论，如下图所示。

（1）发现最初的端倪，识别问题和机会。

问题，就是应有状况与实际状况之间的差距、不平衡以及缺陷和风险。

机会，可以是市场需求，可以是时间、空间或人脉上的契机。

（2）为要决策的契机确立一个目标。

目标是对事件的浓缩。"做一个面向农村用户群体的综合性社交平台"与"帮助 3 亿国人养成阅读习惯"，你觉得哪个可度量性更强呢？

设置目标后会发现还需要拆解为多元目标、主次目标等。根据 SMART 原则，还要设置目标的范围（有利结果和不利结果的界限），保证目标的可操作性等。

（3）做大量的收集工作。

我们说 5W2H、PEST、SWORT 是好的工具，因为它们的维度设定得好。

（4）拟定可行的方案。

方案是基于信息的。对产品而言，产品方案来自于调研。拟定的可行方案至少要遵循以下原则：
- 方案要完整，要闭环；
- 要以终局思维，从整个局面发展的最后状态，往回推导当下该怎么做；
- 了解基本的瓶颈，知道哪些是能做的哪些是不能做的；
- 尽可能多些选项，有助于择优。

（5）制定评判标准并选择。

①列出标准。把在意的所有要素都作为标准列出来，制定权重，找到筛选条件和"绝对排除项"。

②找到关键决定标准，进行标准权重和排序，降低决策成本。

③设立反对派，注意反对意见。

④设置绝对不能触碰的底线，坚持原则。

（6）验证及改进。

决策最后需要验证及改进，而这只是整个决策模型的一环，需要不断循环上述步骤。

19.3 经验小结

突破的前提是遇到了障碍，而一旦突破，将在某些方面得到极大的提升。通常来看，突破是一个带着偶然属性的事情，同时也是量变到质变的过程。

对产品经理而言，需要总结分析影响自己某个阶段进步的最大障碍，然后想办法加以突破，才能够上一个新的台阶。

主人公：三爷

我的角色	工作年限	关键人生事件	通关锦囊
产品线负责人	第 8～10 年	抓住职场机遇	选择接手"烫手山芋"项目
产品专家	第 11 年	临近 35 岁选择	建立行业知识库

第 20 章　突围，迈向高阶产品经理

20.1　意外走上管理岗

当时我所入职的部门是该企业内新成立的一条产品线，负责面向商户的线上商城建设，由于是一个新的项目，当时整个项目组都是新招的人，包括我的领导——该产品线总监。

但是可能是由于这位新总监对业务不够熟悉，对项目方向的把握不太正确，导致我们原计划在 Q2（第二季度）结束时上线的商城，在 Q1（第一季度）进行中期检查时，发现不仅完成进度太慢，而且与原有业务的期待方向也不统一。

例如业务方原先希望能加入报价单功能，以便实现对不同类型的客户可以差异化报价，但是这个功能明显依赖客户主数据、商品主数据两个前置功能，但是在 Q1 结束我们却花费大量时间去上线了客服中心、支付网关等功能，导致 Q2 的目标根本无法实现。

在出现如此大的路线偏差后，业务方负责人怒气冲冲地找到我们的产研侧最高领导——CTO 进行投诉，投诉由于技术侧的延期将导致整个系统无法迁移，甚至由于没有系统支撑将影响原计划在 "618" 购物节前后准备的运营活动，从而让今年的业绩目标无法达到，将给公司带来巨大的损失。

虽然我们都清楚地知道，这个业绩指标本来就很难完成，但是在职场中这种情况再常见不过了，你的过失刚好可以成为别人的完美借口。于是在入职 5 个月不到的时间，我的这位顶头上司便被撤职了。

出现了问题，并处理了对应人员，对于这件事来说算是完结了，但是业务还需要继续推进，此时这条产品线的管理岗——产品线负责人的职位空缺便产生了。

在当时的团队中，除了这位总监和我之外还有另一位同事，似乎是因为这位总监的遭遇，让他觉得这里的业务方做法太过于恶劣，于是在总监走后不久便也提出了离职。

而当时摆在我面前的只有一条路，那就是冲上去自动补位并拿下这个项目，而也就是在这样的机缘巧合之下，我走上了产品岗位的管理路线，成为了这条业务线的产品线负责人。

在刚成为产品线负责人时，我的焦虑与压力都是非常大的，因为我清楚地知道上一位坐在这个位置上的人，就是因为无法及时推动项目从而被公司淘汰。

为了避免重蹈覆辙，我的第一步是去重新梳理当时的业务现状，试图从业务现状中分析业务的问题，因为业务方已经在使用一个成熟的第三方系统，他们对于系统的诉求是很大的，不仅要包含现有系统的所有问题还需要解决第三方系统的问题。而此时业务正处于快速增长期，去使用功能还不怎么健全的系统，会影响到业务的发展。这对于业务方来说是完全不能接受的。

经过几轮艰苦的谈判，我们定下来业务方可以接受保持现状，但功能使用绝不能倒退，所以我当时定下的产品策略便是一比一进行现有第三方系统功能复制。这里的一比一主要指的是复制业务方正在使用的功能，对于不使用的功能就不再进行复制，从而保证已有业务能够平滑地迁移到新研发的系统上来。

但是很明显留给我们的时间只有半年，想要完全复刻一个成熟的第三方系统是不可能的，而且我们的人手也不够，那么怎么去完成这个不可能的任务呢？

经过一番思索与对第三方系统的研究，我发现上一任吃的最大的亏，就是没有仔细研究现有业务方使用的第三方系统，虽然系统很全面但是我们的流程不需要做得这么复杂。例如，我们可以将一整套流程拆解为一个表单来代替，一比一还原现有的业务流程。

找到这个解题思路后，我们很快就开始了迭代。但是迭代过了 3 个月后，我又遇到了一个新的问题。由于我们在复制研发过程中，业务方也在不断地进行业务扩展，而经过半年的业务发展，此时业务方开始准备将原来的仓库业务外包，变为自建仓库，于是需要启用原有第三方 SaaS 系统中的仓储管理模块，而在我们原来的产品研发计划中这一块是不予复制的。

在与业务方进行沟通和洽谈过程中，我觉得这是一个必须要切换的窗口，如果任由业务方再次选型购买第三方系统，我们没有抢下先机，那么我们将永远都处于追赶过程中，不会再有切换的机会。索性我们承诺让业务方给我们两个月时间，我们自行开发仓储系统，让这条产品线变为从售卖到供应链的端到端全链路解决方案。

于是漫长的迁移过程终于迎来了曙光，最终我们成功地将业务方原有的系统迁移过来。

20.2 反思职场机遇

经历过这件事情之后，我开始思考什么是所有职场人一直渴望的机遇？这里先说结论，在职场中所谓的机遇就是去做别人都不愿意做的事情。

从我参加工作以来，我一直听一些所谓的职场前辈传授的职场生存之道，都是让我们学会在职场中如何规避风险，如何梳理清楚与他人的边界，从而最大可能地保护自己。在这样的职场思维下，绝大多数的人都变得不愿意去有任何冒险行为。因此在职场中我们会主动选择去避免那些高风险的工作。

但是以我个人的经历来看，这些高风险项目其实就是每位希望有一番作为的职场人的机遇。为什么这么说呢？大家要明白在任意一家公司中，所有人都会聚焦在"钱多事少"的项目上，但是这些优质的项目早已被公司内的老员工瓜分了，作为一个刚进入公司的新人，怎么可能有机会去分一杯羹？

那么此时剩下的只有普通项目与所谓的"烫手山芋"，绝大多数人都选择了普通项目，成为公司内普通的一员。而如果你要想被老板记住并脱颖而出，只有主动去做难的项目。

经验：在职场上要想有突破，很多时候我们都需要一个机遇，而所谓的机遇，其实就是给你一个可以调动企业资源的机会，让你去通过一个项目来证明自己。

而在组织快速扩张时，我们一定会有很多走管理路线的机会。原因很简单，在管理学上有一个理论：我们每增加一个下属，就会给自己带来复杂的管理成本（如沟通、任务衔接等），这在管理学上称为管理宽度（Span of management）。

正是这个管理宽度，导致我们的管理人员能有效地监督、管理其直接下属的人数是有限的（一位管理者的控制跨度限制在 3～7 名下属）。当超这个限度时，每个管理人员的管理效率就会随之下降。因此管理人员要想有效地领导下属，就必须认真考虑究竟能直接管辖多少下属的问题，即管理宽度问题。

而如果超过了管理宽度，我们就必须增加一个管理层次（Administrative level）。这就是常见的企业内部金字塔结构，也就是老板只要对他的几个高管进行管理，由高管对部门负责人进行管理，而部门负责人向下进行产品线管理。

根据这个规律，在选择企业时我们就可以预判，自己是否存在潜在的升职机会。

经验：产品专家与产品线负责人的区别如下。

产品专家：对某一领域的系统建设有全面的理解，能够将所有功能模块串联成一条线，具备响应并解决所有信息化需求的能力。

产品线负责人：能快速诊断出当前产品体系处在什么阶段，当前阶段核心要解决的问题是什么。更多的是看整个领域，以业务思维去思考信息化如何为业务带来价值。此外对于产品线负责人，更多关注的内容不再是单个需求的研发进度，而是整个产品最终是否能落地，以及如何平衡业务方的需求提出速度与研发速度。视野更多要放在全局，并从企业视角出发。

通俗理解这两者的区别就是前者解决业务问题，后者识别业务问题。

20.3　我如何管理产品线

原本我只负责商城产品设计，由于业务的需求范围变更，对我的挑战一下就变为了需要基于现有的商城衍生出完整的业务后台。

而随着我的身份改变，从专家岗进入管理岗，让我得以有一个更高的视角来审视产品经理这个岗位。

我记得当时刚接手时，我是非常痛苦的，因为此时整个产品设计不能仅局限于某点，而是要以整个产品的视角去进行思考。视角的转换给我带来的最大感受就是局部最优与产品最优，一个可能很棒的设计但是配套体系不支持也是没有任何意义的。

随着切换完成，就在我以为可以松一口气之后，新的挑战又来了。在上半年我们是通过一比一复制现有的第三方系统来确定我们产品的发展路线，但是在完全切换完成之后,我们没有第三方系统可以复制了,此时我们如何去确定下一年的系统信息化的方向呢?

此时上至 CTO,下至整个研发团队都在等我给出明年的产品规划,并以此确定明年的发展路线与团队人员预算预估。

所以如何给出一个可以为业务发展带来助力的产品年度蓝图规划,就成为了我面前的最大挑战。

经验:产品规划撰写方法。
> 对于撰写规划,我的做法是先从宏观入手。将一年拆分为四个季度,每个季度只专注于解决三件事情,这三件事情可能是由若干个项目功能所组成的,但是核心是为了解决业务上的问题。
> 而在梳理事件时又可以分为两个角度进行思考,第一个角度是信息化系统能帮助业务带来的提升点,第二个角度是当前业务存在的问题。
> 这样我们就可以很快去梳理出自己的产品规划方向。

我曾经为订单系统(OMS)写下三件事:
事件 1:销售渠道扩充,支撑淘宝渠道的订单接入,并实现正逆向订单流;
事件 2:全渠道订单看板,支持全渠道订单实时情况数据查询;
事件 3:订单对接标准 API,为后续对接不同平台的订单提供标准 API。

这一过程也让我真真实实地感受到,去完整规划一个企业级系统,是对产品线负责人产品功底的一个综合性的挑战。

经验:现在回看我的这段经历,其实就是由一个垂直领域产品专家迈向完整产品负责人的路线,也就是所谓的 T 形能力模型构建的过程。
> (1)一横:本领域的上下游相关系统建设,更重要的是要了解一家公司业务的完整生命周期;
> (2)一竖:领域全景图认知,知道自己所负责的领域的完整生命周期。

20.4 成为面试官后看产品能力模型

在我刚刚入行产品经理的时候,我和很多职场新人一样看着身边的那些牛人,能非常熟练地完成工作,得到老板的赏识,最后又设计出伟大的产品,为公司带来巨大价值。我就有一个疑问——到底怎么去提升自己，才能成为一个优秀的产品经理。

而当我正式走上面试官的位置时，我对这个问题有了答案：培养产品能力模型。

经验：**产品经理能力模型**。

M-P 能力模型：产品经理掌控产品的整个生命周期所必须拥有的能力的统称。

具体来说这个模型分为两部分：

M：市场运作能力，也就是如何将一个产品投放到市场并带来盈利的能力；

P：需求生成能力，也就是将一个想法变成一个 App 或网页等具体落地应用产品的能力。

虽然产品岗位分类众多，有前台产品经理、后台产品经理、C 端产品经理、B 端产品经理等，但实际上基于 M-P 能力模型，可以将不同产品经理分为如下几个类别。

（1）战略型产品经理。

思考出发点：主要是商业变现和市场推广维度，包含 App 要如何推广到全市场、如何更好地进行商业变现、这种方式的商业变现能够为公司带来多少利润、此时投入的成本又是多少、这两者之差能否为公司带来正向的现金流等，这些都是在整个战略层面要去考虑的。

产出：拟定商业机会策划案，包含要如何进入市场（切入点）、市场的哪些用户需求能带来稳定的收益（盈利模式）、项目各阶段的关键时间点等。

（2）筹划型产品经理。

思考出发点：主要去思考方案各部分目标的具体途径，即如何完成战略层的计划。比如：战略层确定的目标是要做免费打车，那么究竟要如何去推广？App 面对这一核心卖点又要拥有哪些功能？根据免费打车这一思路，需要多少资源去进行配置和协调？

产出：执行纲要，涉及 App 的具体功能范围有哪些、哪些功能是首要功能、哪些功能是次要功能等。

（3）高级执行产品经理。

思考出发点：根据执行纲要进行再次拆解，比如执行纲要列出了订单功能、钱包功能、打车功能等，此时一一进行拆解，把这些功能再拆分为若干模块，并且把模块之间前后的依赖关系梳理出来。

产出：可执行的计划任务单，包含模块有哪些功能点、它和外面的其他模块有什么依赖关系等，并整理出产品的功能框架。

（4）低级执行产品经理。

思考出发点：每个功能点如何实现、要如何设计流程、交互又是什么等。

产出：需求文档、原型等，可供研发与 UI 同事进行工作量化的具体文档。

对比下来我们可以很直观地感受到，不同级别的产品经理在日常工作中处理问题的抽象程度是不同的。战略型产品经理解决的问题是最抽象的，而在市场层面如何落地、在需求层面如何设计等问题全部都需要他们给出具体的方案。而低级执行产品经理解决的问题是最具体的，例如要设计一个绑定银行卡支付的功能，目标其实已经非常明确了，这个时候只需要按部就班地把每个流程梳理出来就可以完成。

总结下来，要想成为一名优秀的产品经理，我们就要在掌握需求生产能力后，不断地去学习和掌握市场层面的知识，使自己能从企业战略角度思考问题并去解决极其抽象的问题，将问题拆解成不同的执行方案，将一个遥远的目标变为一套完整的建设方案。

20.5　临近 35 岁的职业危机

相信所有产品经理在自己的职业生涯中都听过这样一句话——互联网从业者的职业寿命周期是非常短的。那么具体有多短呢？有人说 35 岁就是互联网从业者的退休年龄。然而事实真的是这样吗？作为一个已经到达这个年纪的互联网从业者，我的结论：产品经理岗位的寿命取决于方向，不能一概而论！

还有一个与 35 岁退休相互呼应的问题——为什么很多公司招产品岗位喜欢应届生？

除了大公司要这些应届生来更好地接纳企业文化外，更重要的原因就是因为应届生更懂时下的用户，所以这些应届产品人更多被分配的岗位均是更贴近用户的岗位，相信大家很少听说过后台的如供应链系统、搜索、算法产品岗直接交给应届同学的。

而纵观这些流量领域，其实可以给一个产品上的分类，称之为 C 端市场。C

端市场说白了就是流量玩法。而这些年随着衣食住行都被各大巨头占领完了后，下一个 C 端市场的巨头企业就很难再成长起来了。

随着新增市场减少，这种紧贴用户的岗位变得数量固定。此时随着这个岗位上的人的年龄增大，对于年轻人的那套玩法感觉越来越疏远，此时公司也就不得不招更多年轻人加入进来，帮助理解用户。

明白了限制职业寿命的是能力结构而不是个人年龄后，那么产品人的未来在哪呢？

我清楚地记得在想明白了 35 岁危机论调出现的原因后，我就告诉自己：作为产品人如果想要有未来，那么就绝不能仅仅局限于只是玩弄交互、文案，以做完就算了的方式做需求。当你以成为领域内解决方案专家来打造自己的话，年龄就不会是你的限制。

就像我曾经面试过很多候选人，有 39 岁、40 岁甚至 45 岁左右的人，不仅人事会放宽限制，我有时还主动要求人事多给些工作年限长的、有多个项目经验的产品候选人简历。所以我不觉得产品人的职业生涯会在 35 岁终结，反而觉得当下市场中对 35 岁的产品人的需求是非常大的，因为这类人拥有丰富的业务经验和项目经历。

事实上，临近 35 岁时，我给自己设立了体系级的学习目标，也就是要对自己的领域有一个全局的解决方案沉淀。例如你是在做用户订单模块，除了设计一个订单页面外，还需要掌握不同业务下的订单需求，知道订单分单、合单、订单履约计算、价格计算等完整订单领域解决方案。

一旦我们走向领域解决方案，此时对产品经理的职业诉求，就变为了需要有很深厚的丰富的项目经验，这种经验不随时代的变化或者说不随用户的变化而变化。

而领域解决方案的产品更重要的是项目经验，比如就拿工厂系统（MES）来看，十年前的工厂系统叫作车间管理，现在里面关于车间、工位、工序等一系列的信息化功能都未改变。十年前产品的物料管理划分为主料、辅料、包材，现在还是如此。

同理对于仓库系统（WMS）来说，十年前叫货架，现在还叫货架。十年前有库位管理，现在还有库位管理，概念完全没变过。至于界面与交互十年间发展几乎为零，因为这些 B 端系统需要的是准确地把数据传递过来，对于界面没有那么高的审美要求，当然花里胡哨的 UI 设计更是完全没有。

所以对于产品人，我们对自己的核心竞争力要有非常清晰的认知，不断积累我们自己的解决方案。随着我们的解决方案越来越多，我们能处理的业务类型越来越多，我们自身的价值就越大。

20.6 我去专家岗还是管理岗

想清楚了这其中的原理，我便不再焦虑 35 岁这一年龄，更多开始在工作中尽可能全面地梳理背后的知识点，从而磨炼个人技能。

虽然在机缘巧合之下我选择了管理岗，但是在这家公司干了三年后，当我开始重新准备跳槽换工作时，一个新的职业发展问题摆在了我的面前。

我有两个选择：一个选择是去某头部零售企业负责商品中台项目的专家岗，独立负责一个领域的搭建；另一个选择是去某二线互联网公司继续担任团队管理者。因此一个新的命题又出现在我的面前：到底应该选择专家岗还是管理岗？

我如果选择管理岗，对我个人来说在工作强度以及工作维度上可能会减少很多执行类工作，但是这背后有一个非常致命的问题：公司自身发展前景如何？如果本来市场就小，企业营利困难，那么这份管理岗工作也无法长久，下一份工作又将何去何从？

而这份专家岗的工作，由于企业本身是一家跨国零售巨头，全年全球零售市场达到 5600 亿美元的规模，其业务体量远超国内这家二线互联网公司。这也就意味着如果我选择这家公司，不仅能够学习并且接触到跨国公司的产品体系以及业务模式，还能亲手去操盘一个千万级交易的项目。我当时就认为这可能是我人生中为数不多的能见识头部交易市场的机会。而且更重要的一点是在这家公司中，我的产品能力能将视野提高到全球贸易当中，并且能学习成熟的外资企业对全球化贸易的产品化要求。也就是说假使我进入这家公司，我的个人能力树，可以从商户管理模块发展到电商系统全貌，再到全球贸易市场体系。

而在当下，无论是中国企业想要走出去，还是国外企业想要走进来，都需要既懂国内产品设计，又懂国外贸易市场规则的复合型人才。而这个专家岗无疑能补上我在国外市场产品设计能力上的短板，这也就是我前面所提到的，一定要让自己的知识库尽可能完整，从而了解一个领域的全貌。所以我毅然决然地选择了专家岗。

总结下来我选择专家岗的原因就是两个。

原因 1：个人行业打法库还未健全。按照我之前所提到的产品经理的核心壁垒，就是要积累自己解决方案的知识库，从而让自己能得到本领域的全景视角。这份专家岗可以继续帮我积累行业解决方案。

原因 2：管理岗位要选择正确方向。管理岗要选择能与企业共同成长的岗位，其本质就是与公司发展相互绑定，如果行业有前景，企业发展能获得成功，那么你个人所在的这个管理岗位就会被随后的企业所认可，你的身价也就一飞冲天。同样如果企业不成功，那管理岗的人员也将快速贬值。

20.7　经验小结

工作了 10 余年后，重新审视产品经理这个岗位，我个人感觉在这个岗位上我学习到了很多。

更重要的是在我看来，每个人其实都是自己人生的产品经理，我们需要像制作一款软件产品一样，去设计我们的人生原型，并在不断地与社会接触的过程中打磨自己，更新迭代自己。

同时因为大家置身于社会中，每个与你有交集的人，其实都是你的"用户"，例如你的同事，你的家人，等等。大家在与你配合的过程中，通过一次次的版本与迭代，修正我们个人之前的缺陷，增加新的技能与能力，去为自己赢得社会与家人的喜爱与赞赏。

回看互联网发展至今这么多年，起起伏伏，有过一夜暴富的财富神话，也有千人规模的裁员噩耗。如果你问我是怎么看待这一切的，我想说，既然是在从事产品领域的工作，那么我们就不能忽略产品的发展其实是与经济规律密切相关的。

市场经济发展的一般规律可以极简抽象概括为这样的一个循环：供给侧成熟→消费侧改革→消费侧成熟→供给侧改革。而现在市场中众多的调整，本质上就是我们整个面向终端消费者的业务已经成熟，接下来将进一步迈向供给侧的改革。

但是调整之后，随着供给侧的成熟，也就是生产效率的大幅提升，物廉价美的新产品将不断诞生，必然会进入下一轮的消费繁荣大周期，而这个时候必然也会有新的终端消费市场需求出现。我们要做的就是趁这段时间苦练内功，在下一个产品时代到来之时，把握时代的风口。

结语

在职场中如果希望自己能获得成功,都是需要依靠自己的不懈努力与自我修炼,没有人被动等待就可以获得成功。

看完了以上几位产品经理的十余年工作经历,我们可以发现,无论是哪一位产品经理,无不因为一直保持着一种"修炼成长"的心态,从而推动了他们在产品经理职业生涯中不断前进。

原因很简单,因为你无法控制周围环境的变化,你只能保证自己的工作态度、投入时间与思维创新。所以这也提示我们,尽管你也会遭遇职业发展上的各种挑战,但是无论如何请一定坚持下去,就像书中的几位主人公那样,最终都会成功化解危机。

当然除了挑战外,不少产品经理也会像本书的主人公们一样,在以上四个阶段中走入迷茫期,甚至失去了做产品的激情。如果你也恰巧遭遇了这种心态,那从我们的故事中,你还可以发现另一个共同点,就是这是产品经理职业发展的必由之路,每位产品人或早或晚都会遇到这样的感受,这不是你个人出现了什么问题。而只要熬过这个时期,你终将与自己和解。

最后,产品经理这个职业的本质就如同创业一般,会经历不同的发展周期与阶段,但是不管外在环境怎么变,我们都要去使用产品经理岗位教会我们的技能去解决问题,从而将自己迭代成为一个优秀的产品经理。

祝愿所有的产品人,在这条道路上都能取得自己梦想中的成绩。